4계절과 대천사들

THE FOUR SEASONS AND THE ARCHANGELS GA 229
RUDOLF STEINER

THE FOUR SEASONS AND THE ARCHANGELS
Experience of the Course of the Year
in Four Cosmic Imaginations

Five lectures given in Dornach, Switzerland,
from 5th to 13th October, 1923 Translated by C. Davy and D.S. Osmond
RUDOLF STEINER PRESS

First Edition 1947
Second Edition (revised) 1968

Translated from shorthand reports unrevised by the lecturer.
The volume in the Complete Edition of Rudolf Steiner's works containing
the original German texts of these lectures is entitled:
Der Jahreskreislauf als Atmungsvorgang der Erde und die vier grossen
Festeszeiten.
(Nos. 223 and 229 in the Bibliographical Survey, 1961.)
Rudolf Steiner-Nachlassverwaltung, Dornach, Switzerland.

이 책은 위 영어판을 번역한 것입니다.

4계절과
대천사들

루돌프 슈타이너 지음
박규현 옮김

수신제

인지학(Anthroposophy)과 그에 기초한 발도르프 교육, 생명
역동 농업의 창시자인 루돌프 슈타이너의 사상은 '유물론적
과학 패러다임'을 넘어서는 '유기일원론'적 성격을 갖고 있다
는 점에서 역사적으로 의미가 큽니다. 『영혼달력』과 『4계절과
대천사들』의 내용은 통상 신비적으로 이미지화된 '영성' 혹은
'영적 기운'이 계절의 변화라는 일상 경험 속에서 확인할 수
있는 실재임을 증명하는 것입니다. 이 작품들은 정신-물질 이
분법의 통합을 기초로 하는 일원적 세계관의 내적 근거를 보

• 이 서문은 함께 출간하는 『영혼달력』과 『4계절과 대천사들』에 공통된 글입니다.
두 작품이 뗄 수 없이 연관되어 있기에 의의를 부여하는 내용이 별도로 다를 수가
없어서입니다. 독자 여러분들은 필자의 의미 부여를 두 작품의 대조 속에서 깊이
실감할 수 있을 것으로 기대합니다.

여 준다는 점에서, 슈타이너 스스로 평생 과제로 삼았던 '신비의 합리적 이해'라는 주제를 정면에서 다루는 중요한 텍스트들입니다.

한국에서 인지학과 발도르프 교육 운동의 수용이 시작된 역사는 대략 25년 정도를 지나고 있습니다. 그런데 인지학과 발도르프 교육을 수용하고 대하는 태도는 다른 영역에서도 흔하듯 어떤 사상의 발원지, 이 경우에는 독일 특유의 수입 이론으로 한정하는 시각들이 여전히 다수를 이루고 있습니다. 이렇게 어떤 사상이나 문화가 '외재적 타자'로 여겨지는 동안은 정서적으로 배척되거나 거꾸로 모방과 권위의 대상이 될 위험이 늘 있을 수밖에 없습니다. 모든 문화는 주체적인 현지화를 거쳐 내재적으로 전환될 때만 유의미하게 됩니다. 그런 점에서 한국에서 발도르프 교육 운동을 하는 주체들에게는 인지학 자체의 심층적 이해를 바탕으로 한국 전통과 문화, 현실 적합성을 조화롭게 통합해 내는 깃이 큰 과세가 됩니다. 물론 이러한 통합이 인위적인 목적론적 시도가 되거나 무분별하게 아전인수식이 되어서는 안 된다는 것은 당연한 전제입니다.

이런 문제의식 아래 가장 주목해야 할 것은, 인지학의 기본 성격이 특정 영역의 부분 이론이 아니고 모든 영역에 적용되는 세계관이라는 점에 있습니다. 인지학은 교육 철학이거나 자연과학 혹은 예술의 '방법론'을 제공하는 이론에 한정되지 않고 인간의 존재와 사유 구조, 세계와 관계 성격 전체를 근본적으로 다루는 패러다임입니다. 그리고 그 패러다임의 주요 내용은 서구 사상사에 유구한 정신-물질 이분법을 초월하여 우주와 인간 실존을 연결시켜 이해하는 거시적 유기일원론이라는 데 있습니다. 이 성격에 바탕하여 슈타이너는 19세기 말과 20세기 초 시기에 서구 정신이 이를 수 있었던 최대치의 통합적 사고를 추구했습니다. 그는 자연과학을 공부한 공학도였지만『자유의 철학』이 출세작인 철학자이기도 했습니다. 괴테와 니체라는 걸출한 사상사 거인들의 합리적 핵심을 수용하고 신지학이라는 당대 종교 통합 운동의 내용도 독창적으로 수용했습니다. 그 스스로 명상과 고유한 수행 원칙을 개발하고 창의적 사상가로 자리매김했습니다. 원숙기 슈타이너는 학문, 예술, 종교 전체를 아우르는 보편 원리를 '인지학'이라는 새로운 용어로 표현하며 이를 열정적으로 전파했습니다.

한편, 슈타이너가 추구했던 유기일원론적 사상 내용은 동서

고금 보편 가치들의 전통 속에 풍부히 내재되어 있으며, 슈타이너 스스로도 서구의 일원적 전통을 적극적으로 되살려 내면서 자신의 사상을 펼쳤습니다. 인지학의 기본 개념 틀인 4구성체는 서구에서 전통적인 4원소설의 우주적, 영적 확장 개념입니다. 그가 사용하는 영적 의식에 대한 기초 개념들 역시 서구 영지주의나 고대 인도 사상의 것들을 적극적으로 활용한 것들입니다. 좀 밋밋해 보이지만 '전통의 현대화'나 '온고지신(溫故知新)'이 그의 활동에 걸맞은 표현인 듯합니다. 사실, 인류 정신의 모든 진화, 발전은 이러한 성격의 활동 속에서 출현해 왔습니다.

동서양의 사상과 문화가 겉으로는 대단히 이질적으로 보이지만, 유기일원론적 전통을 거슬러 올라가 보면 우리는 인류 차원의 본질적 동질성이 있음을 발견하게 됩니다. 이것은 우연이 아니고, 모든 유기일원론적 전통이 우주, 자연, 인간의 내적 연관을 구체적으로 이해하려는 앎의 의지에서 출발하며 천인합일(天人合一)의 논리를 바탕으로 한다는 점에서 필연적 귀결입니다. 세계의 모든 문명 지역 사상의 출발점은 그 사고 틀의 성숙과 완성 정도, 지역과 문화에 따른 차이가 있을 뿐, 거시적 유기일원적 사고에 있었다는 것은 역사적 사실입니다.

바로 이 점에서 우리는 인지학을 주체적으로 현지화할 수 있는 연결 고리를 찾을 수 있습니다. 우리 전통 속에 유기일원론적 사유는 그 역사문화적 흔적이 대단히 뚜렷합니다. 흔히 말하는 동양의 3교가 모두 이 특징을 공유하고 있고 그중에서도 일상 문화와 제도, 풍속에 지대한 영향을 끼친 음양오행과 주역적 세계관은 전형적인 유기일원론적 사유 체계입니다. 슈타이너가 바탕으로 삼았던 서구 전통의 유기일원론과 동양의 그것이 표현의 역사적, 문화적 차이를 넘어 핵심 근거와 주제에 초점을 맞춰 보면, 상호 간의 자연스럽고 필연적인 내적 연관이 드러납니다. 만약 이런 보편 가치의 동질성을 더 큰 차원의 통합으로 이끌어 낼 사상 내용을 발견할 수 있다면, 우리는 동서양의 온고지신을 조화롭게 상승 발전시킬 수 있게 될 것입니다.

『4계절과 대천사들』은 슈타이너의 다른 걸작 『영혼달력』과 한 쌍을 이루는 내용입니다. 두 작품 모두 우주와 지구의 상호작용, 그 작용력과 인간 존재와 연관의 역동적 과정을 내용으로 삼습니다. 영적인 주제를 하나는 보다 지적으로, 다른 하나는 시적으로 다룬다는 점이 다를 뿐입니다. 특히 『4계절과 대천사들』은 슈타이너의 유기일원적 사고 전개 과정을 충실히 드러내었다는 점에서 동양의 그것들과 비교 이해를 용이하게 해 줍니다. 우리가 두 작품을 이해하고 보면, 슈타이너가 호명하고 있는 대천사들의 다른 패러다임에서 이름이 고대 서양철학에서는 4원소였고 유물론적 과학에서는 전자기력, 핵력 등이란 것을 명확히 알 수 있습니다. 슈타이너는 두 작품을 통해 부분에 대한 분리 인식을 강화하는 유물론적 패러다임의 한계를 넘어 우리를 둘러싼 힘들의 우주적, 영적인 본래 의미를 밝힌 것입니다. 『영혼달력』에서는 인간의 마음과 우주 자연의 영적 힘들이 주고받는 대화를 표현하고 있습니다. 대천사들의 작용이 인간 존재에 어떻게 작용하는지 이해한다면 『영혼달력』의 모든 시적 표현은 인간 바깥의 작용이 아니라 누구나 자신 안에서 느낄 수 있는 보편 경험임을 알 수 있습니다.

슈타이너는 현대적 감성과 지성으로 이를 표현하고 있는데, 근본적으로 동일한 내용들이 그리스 철학부터 있었습니다. 피타고라스와 플라톤의 학당에서는 천문학, 기하학, 음악, 철학을 가르쳤는데, 그 전제는 이 기본 학문들이 공통의 우주 자연적 질서에 기초한다는 것이었습니다. 행성의 움직임이 시간과 공간의 기본 질서와 성격을 결정하고 그것이 지구에서 기하적으로 표현되며 파동적 운동력으로 나타난다는 점, 이를 인식하는 사고 방법으로 철학적 지혜가 중요하다는 것이 서구 일원론적 전통의 핵심입니다. 슈타이너의 작품들도 이 같은 전통 위에서 현대화된 모습으로 진화한 형태인 것입니다.

그런데 이런 사유는 동양에서도 동일합니다. 음양오행은 그 용어 자체가 태양계의 행성들을 이르는 것이고, 이들의 규칙적 운행 질서를 역법(曆法)에 도입한 개념이 천간, 지지이며 이를 다시 기하적 위상 기호로 표현한 것이 주역의 괘입니다. 간지(干支)와 괘를 통합하여 만물 변화 원리를 설명하려 한 시도가 소강절과 주자 등에 의해 이루어지며 성리학을 발달시켰고 동일한 인식 위에서 조선의 훈민정음 창제와 『악학궤범』 정립과 같은 문화 유산들이 만들어졌습니다. 동양의 선현들은 간지로 표현된 천문학적 질서가 기후를 결정짓는 기운으로 표현되면 이를 5운 6기로 보았는데, 이는 내용상 슈타이너의 대천사들과 다르지 않습니다. 동양의 전통 의학도 이 오운육기가 인간 심신에서 작용하는 방식에 대한 이해를 바탕으로 구성되었고 그 내용들은 『황제내경』이나 『동의보감』 등 전통 의서에 상세히 밝혀져 있습니다. 이같이 동서양 일원론 전통의 본질적 동질성을 보여 주는 예는 수도 없이 많습니다.

슈타이너의 다른 어떤 작품들보다 『영혼달력』과 『4계절과 대천사들』은 동서양의 유기일원적 전통 내용들을 통합적으로 이해할 실마리를 제공한다는 점에서 우리에게 큰 영감을 줍니다. 그리고 우리가 이러한 개방적 시각과 내적 필연성을 검증하고 이해할 수 있는 방식으로 유기일원론적 사유 체계를 풍성하게 만들어 나갈 수 있다면, 우리는 굴곡 많은 근대사가 만들어 낸 오리엔탈리즘이나 온갖 교조적 의존을 넘어설 수 있을 것입니다. 또, 그럴 때만 '자유로운 개인'을 가능하게 하는 투명한 관찰과 독립, 주체적 사고가 성숙할 수 있을 것이며 물질문명의 폭주로 만들어진 도구적 인간관을 넘어 새로운 인간과 세계의 상(象)을 창조할 수 있을 것입니다.

『영혼달력』에 붙인 해설들은 위와 같은 문제의식에 기초한 것입니다. 모쪼록 두 작품이 한국에서 현대적 유기일원론으로서 인지학 이해가 심화되고 창조적으로 확장되는 데 조그마한 보탬이 되기를 바랍니다.

2022년 2월 22일
양평에서 박규현

차례

제1장
미카엘의 상(象)

오늘 나는 세상에 드러나는 겉모습 뒤에서 일어나는 일들을 우리가 물리적이고 감각적으로 인식할 수 있으며 그림처럼 묘사할 수 있다는 사실을 알려 주고 싶습니다. 게다가 그 그림들은 우리의 현실에 완전히 걸맞을 것입니다.

감각적으로 지각되는 일과 관련하여 인류는 어려운 시험의 시기에 살고 있으며 이 시험은 계속 더 어려워질 것입니다. 사람들이 여전히 집착하는 구시대적인 이해 방식은 몰락할 것이고 새로운 방식을 찾아야 한다는 요구는 더 강해질 것입니다. 인류의 외적 생활과 관련해서는, 내가 누차 얘기했듯이 가까운 장래에 어떤 희망 있는 변화가 있지는 않을 것입니다. 그럼에도 불구하고 감각의 배후에서 일어나지만 직접적이고 결정적인 우주의 현상을 우리가 등한시한다면 외적 현상이 갖는 의미에 대한 가치 판단은 유효하지 않을 것입니다.

인간이 신체적인 눈과 감각으로 자신을 둘러싼 환경을 주의 깊게 본다면 지구의 물리적인 환경과 그 안에 있는 수많은 자연의 왕국을 감지할 수 있습니다. 4계절 내내 불어오는 바람이나 기후 현상들은 환경 그 자체입니다. 우리가 감각을 외부 세계에 집중할 때 우리 앞에 보이는 것들이 바로 외부에 실재하는 환경입니다. 그러나 우리가 그렇게 부를 수 있다면, 태양 빛에 물든 대기 뒤에는 영적 기관으로 알 수 있는 다른 세계가 놓여 있습니다. 감각을 통해 알 수 있는 세계와 비교해 볼 때 다른 세계는 일종의 빛의 세계이며 영혼이 어린 빛, 영적 존재와 행위가 빛나는 고차 세계입니다. 그리고 그것들은 사실 지구 표면의 외부 환경에서 벌어지는 역사적인 사건들만큼이나 세계와 인류 전체의 발전에 아주 중요한 것입니다.

오늘날 누군가 마치 숲이나 산속을 거닐다 갈림길에서 이정표를 만나듯 아스트랄 영역을 꿰뚫어 볼 수 있다면 영적 대본에 써 있는 이정표가 아스트랄 속에서 밝게 빛난다는 사실을 알 수 있습니다. 그러나 이 이정표들은 꽤 특별한 성질을 가집니다. 이것들은 설사 아스트랄 빛을 '읽을' 수 있는 이들에게조차 추가적인 설명 없이는 이해되지 않습니다. 영적인 세계와 그 공동체에서 벌어지는 일들이 그리 간단치 않기 때문입니다. 마주치는 모든 것이 풀어야 하는 수수께끼로 다가옵니다. 그리고 이 수수께끼와 그 외 많은 것들은 오직 내적인 숙고와 내적인 경험을 통해서만 영적인 이정표로서 이해할 수 있습니다.

그리고 최소한 수십 년간 인류에게 특별히 어려운 시험의 시기인 이 시대라 할지라도 누군가 영적으로 이 영역에 도달하여 아스트랄 영역의 내부를 읽어 낼 수 있다면 의미심장한 말을 보게 됩니다. 단조로운 비교 같겠지만, 이 경우 그것이 갖는 내적인 중요성 때문에 단조롭다 할 수 없습니다. 즉, 우리가 길을 찾는 데 도움이 되는 표지를 찾고 심지어 시적인 풍경에서도 표지판을 찾듯이 우리는 아스트랄 빛 안에서 중요한 영적 표지석과 마주칩니다. 오늘날까지 그야말로 몇 번이고 반복되어 왔으며 매우 중요한 영적 대본에 새겨진 다음과 같은 속담을 발견할 수 있습니다.

오 인간이여
너의 수많은 일들 속에
너는 네 능력 속에 그것을 만들어 넣는구나.
너는 실체의 가치에 따라 그것을 드러내는구나.
영의 고귀한 힘
그것이 네게 나타날 때만
그것은 너를 치유해 주는구나.

앞서 말했듯이 중요한 사실을 지적하는 이런 종류의 경고
는 아스트랄적인 관점에서 인간이 영혼의 힘을 활동하게 하
기 위해서 가장 먼저 해결해야 할 수수께끼의 모습으로 자신
을 드러냅니다.

우리가 사는 동안 정말 간단하지만 현대인에게 매우 중요한
이 가르침을 풀어 내는 데 이제 무엇인가 이바지할 것입니다.

여기 있는 많은 연구들 중에서 한 해의 순환 과정이 어떻게
우리의 영혼 앞에 펼쳐지는지를 상기해 봅시다. 사람들은 먼
저 그것을 바깥에서 관찰합니다. 봄이 오면 자연이 움터 나와
싹이 트는 것을 보고 식물이 자라 꽃이 피는 것을 보며 어디에

서나 생명이 흙에서 솟아나는 것을 봅니다. 이 모든 것은 여름이 다가오면 고양되고 점차 절정에 이릅니다. 그러다가 가을이 오면 생명은 시들고 곧 겨울이 오면 대지의 품속에서 죽음을 맞습니다.

좀 더 본능적인 의식이 팽배했던 옛날에 축제와 같은 의식을 통해 기쁨을 함께 나누었던 한 해의 순환은 앞서 언급했듯이 다른 측면을 갖고 있습니다. 겨울 동안 대지는 자연적 존재들의 영들로 뭉쳐 있습니다. 그 영들은 대지의 안쪽으로 물러나 새로운 성장을 준비하는 식물의 뿌리와 다른 자연 존재들 사이에서 살아갑니다. 이윽고 봄이 오면 늘 그렇듯 대지는 날숨을 쉬며 자연적 존재들을 밖으로 뿜어 내기 시작합니다. 그에 따라 자연의 영들은 무덤에서 빠져나와 대기 중으로 솟구쳐 오릅니다. 겨울 동안 그들은 대지의 내적 질서를 받아들였지만 이제 봄이 무르익고 특히 여름이 다가오면 점점 더 별들의 운동과 그 운동으로 형성되는 질서를 자신의 존재와 행위 속으로 수용합니다. 한여름이 되면 겨울 내내 대지의 눈 속에 고요히 머물렀던 자연적 존재들이 지닌 생명의 물결이 대지의 표면으로 솟구칩니다. 그들의 춤이 소용돌이치고 빙글빙글 도는 가운데에서도 자연적 존재들은 자신을 둘러싼 행성의 위치와 행성의 운동 법칙에 의해 지배됩니다. 가을이 오면 그들은 대지를 향해 방향을 바꾸고 땅에 접근할수록 점점 대지의 법칙에 종속되며 겨울에 이르러 대지의 들숨으로 들어가 다시 한 번 고요히 쉬게 됩니다.

1년의 순환을 이렇게 경험할 수 있는 사람이라면 누구라도 자신의 인생이 놀랍도록 풍성해짐을 느낄 수 있을 것입니다. 그러나 오늘날 인간이 갖는 평범한 경험은 자신의 몸 안에서 일어나는 에테르 과정을 어렴풋이 반쯤 의식하는 정도에 그칩니다. 인간은 자신이 숨을 쉬고 혈액이 순환한다는 것을 알고 있습니다. 연간 부는 바람과 기후의 변화 속에 나타나는 외부 환경의 모든 순환 과정, 이를테면 씨앗에서 뿜어져 나오는 생명력, 대지 속에 담겨진 열매 맺는 힘 등등, 비록 이 모든 것을 인간이 제대로 의식하지 못한다 해도 그 순환 과정들은 피부 안에서 이어지는 호흡과 혈액 순환 못지않게 인간의 삶에 중요하고 결정적인 역할을 하게 됩니다.

태양이 지구 어느 한쪽 편에 떠오를 때 우리는 그 따듯함과 빛이 주는 영향을 공유합니다. 그러나 우리가 인지학을 올바른 의미로 받아들인다면, 마치 선정적인 소설처럼 단편적인 감각에만 의존하여 읽는 것이 아니라 마음의 내용이 되도록 받아들이게 되면 그해 동안 밖에서 일어나는 모든 일을 경험하기 위해 온 심혈을 기울이게 됩니다. 하루를 돌이켜 보더라도 우리는 이른 아침이 주는 신선함, 출근 준비와 더불어 배고픔의 시작, 저녁 무렵의 피곤함 등과 같이 피부 안쪽에서 벌어지는 힘과 물질의 내적인 활동을 추적할 수 있듯이, 인지학적인 사상에 마음을 기울임으로써―감지할 수 있는 사건들에 대한 일반적인 묘사와는 전혀 다르게―우리의 영혼은 한 해동안 밖에서 일어나는 활동에 대해 수용할 수 있는 준비를 갖추게 됩니다. 그리하여 우리는 이 연중 순환에 더욱 동감하며 참여할 수 있고 그저 피부 안에서 벌어지는 수동적인 활동과 같이 시큰둥하게 살아 내는 것이 아니라 외부 세계가 우리 피부의 속과 겉을 온전히 관통하는 것이 가능해집니다. 또한 자연 속에서 씨앗이 움트고 수많은 꽃들이 만발하며 이슬에 비친 해가 반짝이는 아침을 맞이할 때, 우리 자신이 놀라운 비밀속에 살아 있다고 느끼게 됨으로써 우리 경험은 더욱 풍성해집니다. 결국 이런 방식을 통해서 우리는 겨울에 외투를 입고여름에 가벼운 옷을 입으며 비 올 때 우산을 쓰는 것같이 외부세계에 습관적인 방식으로 둔감하게 반응하는 것을 넘어서는것이 가능해집니다. 이처럼 우리가 자신을 넘어서서 서로 상응하여 물결치는 작용들, 자연의 만조와 간조에 어우러질 때 그제야 비로소 한 해의 순환을 이해할 수 있습니다.

이제 봄이 지나고 여름이 다가오면 인간은 마음과 영혼을 열어 놓은 채 자연 세계 그 한가운데 서 있게 됩니다. 자연 속에서 싹이 트고 그 싹이 어떤 삶을 꾸려 나가는지, 자연의 영이 행성 운동의 영향 아래 예정된 양식으로 날고 어떻게 소용돌이치는지 분별할 수 있습니다. 그리고 한여름에 이르러 그와 같은 우주적 삶에 함께하기 위해 스스로 나아갈 것입니다. 분명히 여름철 이 경험은 내적 자아의 독자적인 측면을 약화시키겠지만 동시에 우주를 향해 감겨 있던 눈을 뜨게 만들며 별들의 일에 동참하는 발걸음을 내딛게 합니다.

오늘날 대부분의 사람들은 씨앗이 발아하여 싹이 트고 꽃이 핀 후 열매를 맺는 성장의 계절에만 자연의 삶과 함께한다고 느끼게 됩니다. 비록 모든 것을 온전히 느끼지 못한다 해도 주변의 것들이 바래서 희미해지고 죽어 가는 가을철보다는 더 많이 교감할 수 있다고 말합니다. 그러나 사실은 여름이 꺾이고 가을이 다가온 후 점차 모든 것이 죽음으로 가라앉는 겨울철마저도 함께할 수 있어야 성장의 계절, 봄에 들어갈 수 있습니다. 만일 여름 내내 우주를 향해 각성의 눈을 뜬 채 외부 세계의 자연적 존재들과 더불어 별들의 내밀한 운동에 동참한다면 그와 똑같이 겨울 서리와 얼음장 아래로 우리 자신을 밀어 넣어 봐야 하며 가을 무렵 자연의 소멸과 죽음에도 참여해야 합니다. 그래야만 우리는 겨울 동안 지구의 자궁이 품은 비밀에 다가설 수 있습니다.

그러나 이처럼 자연의 생장기에 교감하여 동참하듯이 자연의 쇠퇴기에도 참여할 생각이라면 우리의 내적인 존재 안에 자연의 죽음을 경험할 수 있는 감각을 작동해야만 가능합니다. 만일 누군가 자연에서 벌어지는 은밀한 작업에 좀 더 세심하게 대응하여 싹 트고 열매 맺는 일에 몸소 참여한다면 가을철 수확은 응당 눈앞에 펼쳐질 것입니다. 그러나 봄이나 여름철에 자연으로부터 편하게 받기만 했던 것처럼 가을과 겨울의 비밀에 대하여 자연 의식을 갖는 정도로 머무른다면 그리 쉽게 이해할 수 없습니다. 미카엘 축일이 다가오는 가을과 겨울이 시작될 때 우리는 여름 때처럼 그저 자연 의식에 머물러서는 안 되며 빛이 바래고 사그라드는 과정에 확실하게 주의를 기울여야 합니다. 또한 여기에서 한 걸음 더 나아가 자의식을 일깨워야 합니다.

우리 앞에 서 있는 미카엘의 형상을 떠올려 보겠습니다. 인지학의 관점 아래 인간이 자연에서 얻는 즐거움과 자연의 의식에 다가갈 때에도 다른 한편으로는 자신에게 내재되어 있는 가을의 자의식을 함께 일깨워야 합니다. 그래야만 자의식을 통해 자연 의식을 뛰어넘는 것을 형상화한 미카엘과 용의 모습이 당당하게 서게 됩니다. 내밀한 봄과 여름뿐 아니라 죽음을 향해 가는 가을과 겨울 또한 제대로 직면할 수 있다면 이것은 가능한 일입니다. 그리하여 미카엘과 용의 그림은 인간을 내면의 활동으로 이끄는 강력한 상상력으로 다시 나타날 수 있습니다.

오늘날 영적 지식을 잃은 사람들은 이 그림이 의미하는 경험 속에서 힘겹게 씨름하곤 합니다. 성 요한 축일 이후 7, 8, 9월이 다가오면 사람들은 지구의 내적 존재들과 더불어 우주 내부에서 일어나는 일들을 자각하면서 살아 왔다는 것을 알게 됩니다. 또한 이러한 일들이 과연 무엇을 의미하는지 깨닫게 될 것입니다.

그것은 내부에서 벌어지는 연소 과정을 의미하며 외부 연소와 같은 것으로 설명해서는 안 됩니다. 외부 세계에서 명확한 모습을 보이는 이 모든 과정은 그 형태는 비록 다르지만 유기체인 인간의 몸 안에서도 진행됩니다. 즉, 몸 안에서 벌어지는 이러한 과정들은 한 해의 변화 과정을 반영하고 있습니다.

여름철 몸 안에서 일어나는 과정은 있는 그대로 말하자면 물질 세계에서 황의 성분이 유기체에 침투하는 것입니다. 인간은 태양 빛 아래 여름을 나면서 에테르적 존재로서 육체는 황화 과정을 경험합니다. 인간의 몸에 유용한 물질인 유황은 다른 계절과 달리 여름에 매우 중요한 특별함이 있습니다. 그것은 일종의 연소 과정인데, 한여름철 몸 안에 있는 황이 늘어나는 상태로 상승하는 것은 인간에게 자연스러운 일입니다. 이처럼 전혀 다른 성질로 변화되는 물질들은 물질 과학에서 상상치 못하는 비밀을 갖고 있습니다.

그러므로 여름철 인간에게 벌어지는 모든 육체적 에테르 과정은, 제이콥 보엠의 표현을 빌리자면, 몸 안에서 유황의 불길로 반짝이게 됩니다. 이러한 과정은 의식적으로 감지할 수 없을 정도로 부드러우며 내밀하게 이루어집니다. 그러나 다른 과정들도 보통 그렇듯이 우주에서 일어나는 여러 현상과 관련해서 볼 때 대단히 결정적인 의미를 지닙니다.

비록 그 과정이 온화하고 섬세하여 인간이 감지할 수 없지만 한여름 인간의 몸에서 일어나는 황화 작용은 우주의 진화에 대단히 중요합니다. 여름철 인간이 황화 과정으로 인해 내부적으로 빛을 발할 때 우주에서는 많은 일들이 일어납니다. 성 요한의 날, 주위에서 빛을 발하는 것은 물리적으로 눈에 보이는 야광충만이 아닙니다. 인간이 몸의 내부에서 빛을 발하기 시작하면, 인간은 다른 행성에 있는 존재의 영안에 빛의 존재로 비춰지게 됩니다. 이것이 바로 황화 과정입니다. 성 요한 축일 때 야광충이 목초지에서 자신의 빛을 발하는 것처럼 한여름에 인간은 우주 공간 속 다른 행성의 존재를 향해 밝은 빛을 뿜어 내기 시작합니다.

우주의 관점에서 보면 이 과정은 인간이 한여름 내내 우주를 향해 찬란한 아스트랄 빛을 비추는 것이며 이는 장엄하고 아름다운 광경이지만 동시에 아리만의 힘이 인간에게 가까이 다가갈 계기를 마련해 주기도 합니다. 이 힘은 유기체인 인간의 황화 과정과 매우 밀접하게 관련되어 있기 때문입니다. 우리는 한편으로는 인간이 어떻게 성 요한 축일의 불꽃 속에서 우주를 향해 빛을 발하는지 볼 수 있으며, 다른 한편으로는 용과 같은 뱀의 모습으로 아리만의 힘이 아스트랄 빛으로 빛나는 인간들 사이에 어떻게 다가와서 움켜 잡으려 애쓰며, 인간을 반의식 상태의 잠과 꿈의 영역으로 끌어내리려 하는지 볼 수 있습니다. 그러다가 인간이 이 환상의 거미줄에 걸려 그릇된 망상에 빠진다면 아리만의 힘에 의해 희생양이 될 것입니다. 이 모든 일은 우주의 측면에서도 역시 의미심장한 일입니다.

그리고 한여름 특정 성좌에서 우주의 금속인 거대한 별똥별 소나기가 쏟아지면, 여기에는 엄청난 치유력이 담겨 있어서 아리만이 인간을 용처럼 휘감으려 할 때, 이에 맞서 버틸 수 있도록 신들에게서 부여받은 무기가 됩니다. 즉, 지구로 쏟아지는 유성철이 지닌 힘은, 가을이 다가오면 지존의 신들이 아리만의 힘에 대항하여 승리하고자 노력하는 우주의 힘인 것입니다. 그리하여 유성우가 아스트랄 빛 속에서 반짝이는 인간에게 쏟아져 내리는 8월 즈음, 우주 공간에서 벌어지는 이 장엄한 현상에 발맞추어, 인간의 혈액 속에는 매우 부드럽고 미세한 변화가 일어납니다. 혼과 영이 지닌 충동에 의해 퍼져 나가는 인간의 피—현대 과학이 떠올리는 물질이 전혀 아닌—는 철이 유입되면, 불안과 두려움, 증오로 범벅이 된 전쟁을 일으키는 힘으로 방출됩니다. 철의 힘이 핏속으로 유입될 때 혈액 전체에서 일어나는 과정은, 유성이 대기를 통해 빛나는 별들의 운하 속으로 쏟아져 내리는 과정과 시시각각 일치합니다. 핏속에 들어와 인간을 불안으로 몰아 가는 철의 힘은 유성의 작용에 따른 것입니다. 철이 유입된 결과는 피 밖으로 방출되는 두려움과 불안입니다.

그리하여 신들은 두려움으로 얼룩진 대기 속으로 유성철이 흘러들게 함으로써, 또아리를 튼 뱀의 형상으로 온 대지 위에 두려움을 뒤덮고자 하는 대지의 영에 전쟁을 불러일으킵니다. 이와 동시에 핏속으로 철이 유입된 인간에게도 마찬가지로 동일한 과정이 일어납니다. 이러한 과정은 여름이 그 기세가 꺾이고 가을이 다가올 즈음에 절정에 달합니다. 이 모든 것은, 우리가 이 과정이 갖는 영적인 의미를 이해하면서 다른 한편으로는 유황과 철로 인해 인간에게 일어나는 과정이 우주에서 벌어지는 현상과 어떻게 부합하여 연관되는지 깨달아야만 이해할 수 있습니다.

인간이 우주를 향해 시선을 돌려 유성을 바라볼 때 신에 대한 경외심에 가득 찬 채 스스로 이렇게 되뇌어야 합니다. "광활한 우주 공간에서 일어나는 일은 내 안에서도 계속 하나하나 미세하게 대응하며 일어나고 있구나. 별들이 쏟아질 때마다 내 혈구에는 철이 형성되고 있다. 내 삶은 쏟아지는 별들과 작은 유성들로 가득 차 있구나." 그리고 유황으로 인해 일어나는 과정이 절정에 달하는 가을이 다가왔을 때 피의 삶을 일러주는 내면의 유성비는 특히 중요해집니다. 앞서 설명했듯이 인간이 마치 야광충처럼 빛을 발하고 수백만 개의 작은 유성들이 자신의 핏속에서 반짝이고 있을 때 그 반대의 힘도 나타나기 때문입니다.

이런 방식으로 인간의 내면과 우주는 연결되어 있습니다. 그리고 가을이 다가오면 신경으로부터 방출된 대규모의 유황이 뇌를 향해 가는 것을 볼 수 있습니다. 말하자면 인간은 유황으로 물든 유령처럼 보입니다.

그러나 핏속에서 나온 푸른빛이 도는 유황 성분은 유성의 무리로 변화됩니다. 이것은 다른 영입니다. 유황의 영은 사람의 아래쪽에서 머리 쪽으로 구름처럼 떠오르지만 철을 형성하는 과정은 그의 머리에서 빛을 내며 유성처럼 흘러 혈액의 삶에 쏟아집니다.

미카엘 축일이 다가올 즈음 이러한 일을 겪을 때 인간은 핏

속에 있는 유성들의 힘을 의식해야 합니다. 미카엘 축일을 불안과 공포를 잠재우는 축제이자 내적인 강인함과 주도성의 축제, 헌신적인 자의식을 기념하는 축제로 자리 매김하는 법을 배워야 합니다.

우리가 성탄절에 구세주의 탄생을 축하하고 부활절에 구세주의 죽음과 부활을 축하하며 성 요한 축제 기간에 인간의 영혼이 우주 공간을 향해 솟구치는 것을 축하하듯, 미카엘 축일을 제대로 이해하고 이 기간 동안 인간이 황화 과정과 유성우의 세례 속에서 영적으로 살아 있음을 축하해야 합니다. 특히 미카엘 축제가 인간의 온 영혼에 미치는 의미를 제대로 알아야 합니다. 이때 인간은 이렇게 말할 수 있습니다.

"크리스마스 때 구세주의 탄생에 감사하고 깊은 내면의 반응으로 부활절을 경험하는 것처럼 당신은 이 가을 미카엘 축제 때 당신의 나태와 불안에 대항하여 꺾이지 않는 내면의 주도권을 넓히고 자유롭고 강하며 용기 있는 의지를 만드는 모든 것을 고양시키는 경험을 배워야 합니다. 어떻게 경험하는지 배운다면 이 과정의 주인이 되겠지만 그렇지 않다면 당신 의식 밖의 자연에게 주도권을 뺏기고 말 것입니다."

우리는 미카엘 축제를 강인한 의지의 축제로 받아들여야 합니다. 이렇게 된다면 자연에 관한 지식은 진실이 되고 우리에게는 영적 인간으로서 자의식이 생겨날 때, 미카엘 축제는 제대로 빛날 것입니다.

그러나 우리는 미카엘 축일을 축하하기 전에 인간의 영혼을 새롭게 해야 합니다. 미카엘 축제에서 기념되어야 할 것은 피상적이거나 관습적인 의례가 아니라 인간의 내면 전체, 영혼의 성향 전체가 새로워지는 일입니다.

자, 내가 설명한 내용 속에서 미카엘과 용의 웅장한 이미지를 다시 한 번 떠올려 보겠습니다. 여기서 미카엘과 용의 이미지는 우주의 현상을 그대로 재현한 것입니다. 용은 푸르스름한 유황의 운하를 벗어나며 우리 앞에 제 몸을 형상화하고 있습니다. 또한 우리는 희뿌연 유황 연기 속에서 몸을 드러내는 용을 자신의 검으로 제압하는 미카엘의 모습을 보게 됩니다.

그러나 우리가 우주를 대수롭지 않은 구름이 가득한 공간이 아니라, 미카엘이 유성철의 폭우 속에서 자신의 검과 지배력으로 용을 제압하는 이미지로 볼 때에 이 그림을 올바르게 이해할 수 있습니다. 유성철의 세례는 미카엘의 심장으로부터 흘러나오는 힘으로 형성되며, 용을 제압하는 미카엘의 유성철 검에 녹아 있습니다.

만약 우리가 우주와 인간의 내면에서 무슨 일이 일어나고 있는지 이해한다면 우주는 그대로 자신을 드러낼 것입니다. 인간이 제멋대로 이 색 저 색을 칠하지 않는다면, 신성한 힘들이 조화를 이루며 그 존재를 드러내는 세계와 우리 앞에 떠다니는 미카엘과 용과 같은 존재를 그리게 됩니다. 만약 누군가 제대로 심사숙고하여 우주를 그려 낼 수 있다면 아마도 혁신적인 그림이 나오게 될 것입니다. 그렇게 되면 미카엘과 용의 그림은 개인의 공상으로 만들어진 초상화가 아니라 무엇이 실재하는지 보여 주게 될 것입니다.

인간은 이런 것들을 이해하는 가운데 되돌아보게 될 것이며 1년의 순환 속에 가을을 맞이할 마음과 감정이 우러날 것입니다. 초가을 미카엘 축일에 용과 함께 있는 미카엘의 그림은 이 시대의 한복판에서 인간으로 하여금 행동을 끌어내는 강한 자극이자 강력한 상징이 됩니다. 따라서 이 자극이 우리의 시대에 펼쳐지는 운명에, 아마도 비극적일 테지만 어떠한 상징적인 의미를 시사하는지를 이해해야 합니다.

지난 3, 4세기 동안 우리는 지구상에 널리 분포되어 있는 물질을 기반으로 자연과학의 저변과 광범위한 기술을 발전시켰습니다. 물질주의 시대에 인간이 생산한 가장 핵심적이고 중요한 것들 대부분은 철을 가공하여 만들어졌습니다. 철을 가공하여 만들어 낸 기관차, 공장들을 사방팔방에서 보면 우리가 물질문명을 철이나 강철 위에 어떻게 쌓아 올렸는지 알 수 있습니다. 그리고 지금껏 철을 사용해 온 모든 방식은, 우리가 삶 전체와 물질을 바라보는 관점을 어떻게 정립시켜 왔으며 앞으로도 동일한 방식으로 지속시키고자 한다는 것을 나타내는 상징적인 지표입니다. 그러나 그것은 퇴보의 길입니다. 만약 인간이 외부 세계 너머 영적인 부분까지 스며들어 영적인 삶을 시작할 수 있다면, 만약 엔진을 만드는 데 이용하던 철의 관점에서 돌아서서 우주로부터 대지로 쏟아지는 유성철을 새삼 바라보며 그것이 미카엘의 힘이 달궈 낸 외부 물질임을 안다면, 임박한 위험으로부터 자신을 구할 수 있습니다. 인류는 다음 구절에서 매우 중요한 의미를 찾아야만 합니다.

"물질주의 시대에 지구 위에서 당신은 물질에 대한 관찰을 통해 간파한 지식으로 철을 사용해 왔습니다. 이제 자연과학 안에서 이루어지는 영적인 과학의 발전을 통해 물질에 대한 시각을 전환해야 합니다. 그리하여 철에 대한 기존 관념을, 유성철이자 미카엘의 검에 녹아 있는 철에 대한 이해로 바꾸어야 합니다. 그러면 당신이 할 수 있는 치유가 시작될 것입니다."

아래 구절은 그런 의미를 담고 있는 경구입니다:

오 인간이여,
너의 수많은 일들 속에
너는 네 능력 속에 그것(철)을 만들어 넣는구나.
너는 실체의 가치에 따라 그것(철)을 드러내는구나.
영의 고귀한 힘
그것이 네게 나타날 때만
그것은 너를 치유해 주는구나.

미카엘이 우주의 유성철을 벼리어 만든 검은 그의 고귀한 힘입니다. 인간이 그저 자연 의식에 머무는 것을 넘어서서 자의식을 갖추도록 하는 치유는, 물질문명이 미카엘의 철이 지닌 힘 속에 영적인 변화를 가져올 때 가능해집니다. 여러분은 아스트랄 빛 속에서 드러나 있는 대본과 경구에서 암시하는 이 시대의 가장 중요한 과제인 미카엘의 요구를 확실히 보았습니다.

제2장
크리스마스 상(象)

어제 우리는 한 해의 순환이 가진 내적인 의미를 이해하였으며 그러한 관점 아래 용과 싸우는 미카엘의 그림을 보았습니다. 예술이란 인간이 우주와의 관계 안에서 교감하는 바를 반영하고 있는 것입니다. 물론 그것은 다양한 관점과 수준에 따라 달라집니다; 그러나 대체로 우리가 우주의 비밀을 향해 영혼을 열어 놓은 채 인간의 정서를 표현할 때에 비로소 예술 작품을 논할 수 있습니다.

오늘, 미카엘과 용이 그려진 걸작으로 우리를 이끈 영의 관점을 견지하며 한 해의 계절들에 대해 계속 연구해 보겠습니다.

어제 강의를 통해 가을이 다가오면 대지는 영적인 들숨을 쉬고 자연적 존재들은 대지의 내부로 들어 간다는 것을 알게 되었습니다. 한여름에 외부로 방출되던 존재들은, 혹한의 겨울에 대지와 본질적인 결합이 이루어지기 전까지, 미카엘 축제 때부터 그 방향을 바꾸어 더욱더 안으로 끌려 들어갑니다.

자, 이제 겨울철에 대지는 외부를 향한 문을 닫은 채 독자적인 상태에 있다는 점을 알아야 합니다. 여름내 밖으로 흘러나가던 모든 자연의 영들을 거둬들이는 것입니다. 그러므로 깊은 겨울, 지구는 본래의 자기 모습을 보여 주며 다른 어떤 때보다 가장 지구답습니다. 그리고 더 깊이 알기 위해 겨울의 특성을 뚜렷이 봐야겠지만 그와 함께 겨울이 지구에서 절반 이상을 차지할 때 나머지 절반은 여름을 경험하고 있다는 것을 잊지 말아야 합니다. 이러한 관점을 반드시 견지하는 것이 중요하지만 지금 우리는 지구의 한 부분인 겨울의 도래에 관심을 갖고 있습니다. 겨울철에 지구가 자신을 가장 지구답게 만드는 본성을 제대로 드러내기 때문입니다.

이제 지구를 보겠습니다. 지구의 대지는 눈에 보이는 외부의 표면 아래에 숨겨져 있는 단단한 핵을 가지고 있으며, 그

나머지는 대부분 수권(水圈)인 물로 덮여 있습니다. 대륙은 이 거대한 수면 위에 그대로 떠 있을 뿐입니다. 그리고 대기에는 항상 물기를 띤 요소가 스며들기 때문에 우리는 수권이 대기 중으로 확장되는 것을 그려 볼 수 있습니다. 확실히 수권은 바다와 강물보다 훨씬 얇지만 대기에는 물기 어린 요소가 끝나는 정확한 경계가 없습니다. 따라서 이러한 측면에서 지구를 도식적으로 보여 준다면 우선 중심에는 단단한 핵이 있습니다.(〈그림 1〉 참조) 그 주위에는 물의 영역이 있습니다.(파란색) 물론 돌출되어 있는 대륙을 나타내야겠는데, 대륙이 실제로는

〈그림 1〉

울퉁불퉁한 오렌지 껍질보다 더 두드러지는 것이 아니므로 좀 과장해서 표현해야겠습니다. 다음으로 지구 전체를 둘러싼 대기에서 물의 영역, 수권을 그림에 포함시켜야 합니다. 이 그림(파란색)을 보겠습니다. 정말 무엇을 의미하는 걸까요? 수권은 그 자체로 만들어진 것이 아닙니다. 우주 전체에 의해서 만들어진 물입니다. 공기와 물의 모양이 구와 같은 형태인 이유는 우주가 구의 형태로 전 방향 확장하기 때문입니다. 그리고 이는 강한 힘들이 지구 전체에 작용한다는 것을 의미합니다.

이로 인해 만약 우리가 다른 행성에서 지구를 본다면 지구는 우주 속에 있는 거대한 물방울로 보일 것입니다. 약간 다른 색을 띠는 대륙으로 인해 여러 돌출부가 있을 테지만 전체적으로 우주 한가운데 있는 엄청난 물방울처럼 보일 것입니다.

이제 이것을 우주의 관점에서 생각해 봅시다. 이 엄청난 물방울은 무엇일까요? 이것은 우주의 전체 환경으로부터 그 모양이 만들어진 것입니다.

만약 어떤 사람이 영학의 관점에서 이 문제에 접근하여 상상력과 영감을 불어넣는다면 이 물방울이 실제로 무엇인지 알게 됩니다. 그것은 다름 아닌 거대한 수은 한 방울입니다. 그러나 이 수은은 매우 희박한 상태로 존재합니다.

고도로 희석할 수 있는 가능성은 콜리스코 프라우 박사의 연구를 통해 이미 증명되었습니다. 슈투트가르트에 있는 우리 생물 연구소에서 이것을 정확한 토대 위에 세우려는 시도가 있었습니다. 1조분의 1까지 물질을 희석할 수 있었고 실제로 특정 물질에 대한 고도의 희석이 가져올 수 있는 영향을 정확히 규명하는 것이 가능해졌습니다. 지금까지 이는 동종 요법에서 단지 믿느냐 마느냐의 문제였습니다. 그러나 이제 정확한 과학의 수준으로 올라섰습니다. 그를 통해 도출한 그래프는 가장 작은 입자들의 영향이 리듬을 타는 경로를 따른다는 것에 의심의 여지를 두지 않게 되었습니다. 세부 사항에 대해 언급하지는 않겠습니다. 그 연구 결과는 이미 출판되었고 이러한 발견들은 이제 검증될 수 있습니다. 지금은 지구의 영역에서도 엄청난 희석에 따른 영향을 고려해야 한다는 것을 지적하고 싶습니다.

우리가 작은 단위로 물을 다룰 때 이것을 물이라고 정의할 수 있는지 궁금해집니다. 우리는 강이나 우물에서 물을 끌어와 쓸 수 있습니다. 네. 그것은 물이지만 수소와 산소만으로 이루어진 물은 없습니다. 물이 수소와 산소만으로 구성되어 있다고 가정하는 것은 누가 봐도 터무니없는 일일 것입니다. 광천수나 비슷한 다른 종류의 물에는 당연히 다른 것이 존재한다는 것이 명백합니다. 오직 수소와 산소로만 구성된 물은 없습니다. 그것은 단지 근사치일 뿐입니다. 보이는 모든 물은 다른 무엇인가가 스며 있습니다. 지구 전체에 있는 물 덩어리는 본질적으로 우주의 수은입니다. 우리가 사용하는 소량의 물만이 우리를 위한 물입니다. 우주에서 이 물은 물이 아니라 수은입니다.

그러므로 우리는 물과 관련하여 수권(水圈)을 생각할 때 무엇보다 우주 속 수은 한 방울로 간주해야 합니다. 실제로 수은 한 방울에 담겨 있는 것은 금속성 물질이며 간단히 말하면 모두 지구의 물질입니다. 이것들은 단단한 지구 덩어리를 나타내며 자신만의 특별한 형태를 취하는 경향이 있습니다. 그래서 전체적으로 구형을 이루는 수은을 보게 됩니다. 흔히 말하는 보통의 금속성 수은은 일반적인 쓰임에 맞게 자연이 만들어 낸 하나의 상징일 뿐이며 확실히 구체의 형태가 됩니다. 전체 구형 안에 담긴 것은, 자신만의 독특한 형태를 갖는 다양한 금속 결정체입니다. 그래서 우리 앞에 이런 온기, 물, 공기가 형성되는 것을 볼 수 있습니다. 앞서 말했듯이 그것들은 자기 안에 개별적인 결정체들로 이루어졌으며 구체의 모습을 취하려는 경향이 있습니다.(〈그림 1〉 참조)

지구를 둘러싸고 있는 공기(검붉은색)를 대기라고 구분하더라도 공기는 항상 어느 정도 따듯함을 담으려는 경향이 있어서 공기에는 온기(보라색)가 스며들게 마련입니다. 공기를 단순히 공기라고 말할 수는 없습니다. 그러므로 공기 중으로 유입되는 네 번째 요소인 온기를 더해야 합니다.

이제 위쪽에서 공기 중으로 유입되는 온기는 우주로부터 연동되는 황화 과정을 두드러지게 수반합니다. 그리고 황화 과정에는 수권과 연결지어 설명한 수은화 과정이 더해집니다. 정리하면 공기-온기-황화 과정; 물-공기-수은화 과정입니다.

만약 지금 우리가 지구 내부로 시선을 돌리면 산-형성 과정과 특히 염기-과정을 볼 수 있습니다. 산에서 염기가 나오는데 이것이 바로 지구가 진정으로 원하는 상태입니다. 그러므로 우리가 우주를 올려다본다는 것은 실제로 황화 과정을 보는 것입니다. 지구가 스스로 우주의 물방울을 형성하려는 경향을 고려할 때 우리는 그대로 수은화 과정을 보고 있는 것입니다. 그리고 봄에 보이는 모든 것이 자라고 싹을 틔우는 단단한 대지로 시선을 돌린다면, 염기 과정을 보고 있는 것입니다.

이러한 염기 과정은 봄철 생명과 성장에 매우 중요합니다. 식물의 뿌리가 씨앗 속에서 자신을 형성하는 과정은 토양에서 이루어지는 염기 형성 과정에 전적으로 의존합니다. 뿌리에 필요한 물질을 공급하고 식물의 생명이 지상의 토대 역할을 할 수 있게 하는 것은, 가장 넓은 의미에서 이러한 염기 형성 과정입니다.

다시 시선을 돌려 지구의 염기 과정을 보겠습니다. 이 과정을 지구가 한겨울에 스스로 만들어 내는 것이라고 한다면, 여름에는 훨씬 더 많은 상호 작용이 존재합니다. 여름에는 공기가 황화 과정을 통해 분출되는데 이는 실제로 번개와 천둥에서도 발생합니다. 이것들은 멀리 아래로 침투하여 계절의 모든 순환에는 황화 과정이 일어나게 됩니다. 그러고 나면 어제 말했듯이 황화 과정이 유성철에 의해 제어될 때 미카엘 축일을 맞게 됩니다. 여름에도 염기 과정은 대기와 섞이는데 자라는 식물들은 잎과 꽃을 통해 염기를 씨앗으로 바로 운반하기 때문입니다. 따라서 우리는 식물에 널리 분포된 염기를 발견할 수 있습니다; 그것들은 에테르성 기름 등을 통해 자신을 에테르화하며 황화 과정에 접근합니다. 염기는 식물을 통해 운반되며 염기는 밖으로 흘러나와 대기의 일부가 됩니다.

따라서 여름에는 항상 지구에 존재하는 수은 요소와 황화 및 염기 형성 요소가 혼합되어 있습니다. 만약 우리가 이 계절에 지구 위에 서 있다면 실제로 머리는 황, 수은 그리고 염기의 혼합물 속에 둘러싸여 있는 것입니다. 반면 깊은 겨울의 도래는 이 세 가지 원소들이 각각 자신의 내적 상태로 되돌아 간다는 것을 의미합니다. 염기는 지구의 내부로 철수하고 수권이 구체의 형태를 취하는 경향성을 보입니다. 이는 지구를 덮는 눈의 외피로 그려지는 겨울의 모습에서 드러납니다. 황화 과정이 물러남에 따라 개별적인 상황은 볼 수 없습니다. 그 대신 깊은 겨울 동안 또 다른 것이 전면에 등장하게 됩니다.

식물들은 봄에서 가을까지 성장하여 마침내 씨앗으로 스스로를 수렴시킵니다. 씨가 되는 과정은 무엇일까요? 식물이 씨앗을 향해 달려가는 일은, 우리가 식물을 음식으로 사용할 때

끊임없이 무미건조하게 인간의 방식으로 하는 일과 같습니다. 우리는 식물을 요리합니다. 이와 달리 성장하여 꽃 피우고 씨앗을 만드는 것은 자연의 요리법입니다. 이것은 황화 과정으로 이어지게 됩니다. 식물들이 성장하여 황화 과정에 들어서고, 여름이 한창일 때 가장 강하게 황화 과정을 겪게 됩니다. 이어서 가을이 되면 이 연소 과정은 끝이 납니다.

물론 유기체의 영역은 거친 무기체의 형태에서 관찰한 과정과는 모든 것이 다릅니다. 그러나 모든 연소 과정의 결과는 재입니다. 대지에는 꼭 필요한 것들이 있는데, 염기 형성 외에 다른 과정에 의해 생겨납니다. 자연의 요리나 연소 과정의 결과로써 식물이 꽃 피고 씨앗을 맺는 것에 따라 대지에 떨어지는 모든 것이 더해져야 합니다. 난로에서 재가 떨어지는 것과 마찬가지로 재가 떨어져 내리는 것은 대개 간과되지만 큰 역할을 합니다. 기본적으로 연소 과정인 씨앗이 형성되는 과정에서 씨앗의 본성이 지속해서 대지 위로 쏟아지기 때문에 10월부터는 지구가 이런 형태의 재로 가득 차 있습니다.

그러므로 한겨울에 지구를 관찰한다면 우리는 먼저 염기를 형성하려는 내적인 경향을 볼 수 있습니다. 그 외에도 가장 강하게 드러나는 형태로 수은 과정이 있습니다; 그리고 한여름에 지구 너머 우주에서 일어나는 황화 과정에도 관심을 기울여야 합니다. 더불어 겨울에는 재 형성 과정이 있습니다.

그래서 보다시피 크리스마스에 절정에 달한 경향이 미카엘 축제로부터 미리 준비되고 있다는 것을 알 수 있습니다. 깊은 겨울에 지구는 점점 더 굳어져서 실로 우주다운 몸이 되고, 수은 형성과 염기 형성, 재 형성을 통해 자신을 표현합니다. 이것은 우주에서 무엇을 의미하는 것일까요?

자, 만약 벼룩이 해부학자가 되어 뼈를 연구한다면, 아주 작은 벼룩은 매우 작은 뼛조각을 앞에 두고 있을 것이고 벼룩의 관점에서 이것을 검사할 것입니다. 그러면 벼룩은 뼈에서 형태가 정해지지 않은 인산 석회, 탄산, 석회 등이 관련되어 있음을 발견하게 될 것입니다. 그러나 해부학자 벼룩은 뼈의 파편이 완전한 골격의 작은 일부분이라는 것을 결코 깨닫지 못할 것입니다. 분명히 벼룩은 튀어 오르겠지만 그 작은 뼛조각을 연구하는 수준 이상으로는 결코 뛰어넘지 못할 것입니다. 이는 마찬가지로 거대한 지구-벼룩처럼 튀어오르는 인간 지질학자나 광물학자에게도 도움이 되지 않습니다. 전체적으로 뼈대를 나타내는 지구의 산맥을 연구할 때 그들은 여전히 축소된 규모로 한정하여 연구하고 있을 것입니다. 벼룩은 결코 뼈대 전체를 묘사할 수 없습니다. 자신의 작은 망치로 작은 조각을 잘라 내는 것뿐입니다. 그것이 쇄골의 작은 조각이라고 가정해 봅시다. 작은 조각의 성분들, 석회 탄산염, 석회 인산염 등은 벼룩에게 그것이 쇄골에 속한다는 것을 보여 주지 않고 완전한 골격의 일부라는 것 역시 알려 주지 않습니다. 벼룩은 작은 조각 하나를 잘라 내고 나서 벼룩의 관점으로 설명할 것입니다. 말하자면, 마치 한 인간이 지구를 묘사할 때, 도르나흐 언덕에서 쥐라산맥의 석회암을 약간 파내고 설명할 때와 같습니다. 그러고 나서 그 연구 결과를 광물학, 지질학 등으로 정리합니다. 그것은 확실히 어느 정도는 상세하겠지만 여전히 벼룩의 관점입니다.

물론 이것은 당연히 진실에 도달하는 방법이 아닙니다. 우리는 지구가 염기-형성, 수은 형성과 재-형성을 통해 겨울 동안 가장 굳게 통합된 단일한 전체라는 것을 인식해야 합니다. 그러고 나서 벼룩의 견해에서 벗어나 우주와 관련하여 지구 전체의 본성이 무엇을 의미하는지 물어봅시다.

예를 들어 물컵에 녹아 있는 보통의 요리용 소금이 바닥에 침적물로 분리되는 방식과 같이, 우선 가장 넓은 의미에서 물리적 침적물을 뜻하는 염기-형성을 생각해 보겠습니다. (비록 결과는 같겠지만 나는 이것을 화학적으로 다루지 않겠습니다.) 이런 종류의 염기-침적물은, 말하자면 영적 힘에 대한 다공성(多孔性)의 특성을 가지고 있습니다. 염기-침적물이 있는 곳에는 영의 진입장(進入場)이 뚜렷합니다. 따라서 한겨울에 지구가 염기-형성에 기초하여 스스로를 통합할 때, 지구와 결합되어 있는 자연적 존재들이 우선 그 안에 알맞은 거처를 정하는 결과를 낳는다고 할 수 있습니다. 그러나 다른 영적 존재들 역시 우주에서 끌려와 대지의 표면 바로 아래에 있는 염기 껍질에서 살 수 있습니다. 이 염기-껍질에서 달-힘이 특히 활동적입니다. 내가 종종 언급했던, 달이 지구로부터 분리되었을 때 남겨진 그 달-힘의 잔해를 뜻합니다.

이 달-힘들은 주로 대지 안에 존재하는 염기 때문에 지구에서 활동합니다. 그래서 겨울에 한편으로는, 눈의 덮개 아래에서 수은 형태를 이루려고 애를 쓰고 다른 한편으로는, 염기 침적물 안으로 흘러내린다고 말할 수 있습니다. 단단한 지구-물질, 즉 염기에는 영성이 스며들어 있습니다. 그래서 겨울에 지구는 특히 염기-내용물이 통합되는 영향 아래에서 실로 그 스스로 영적인 존재가 됩니다.

우주의 수은인 물은 그 자체를 구형으로 형성하려는 내적 경향을 가지고 있습니다. 우리는 이러한 내적인 경향성을 어디에서나 볼 수 있습니다. 그리고 이 때문에 한겨울의 지구는 염기-내용물을 통해 단단해지고 또한 염기에 영을 불어넣을 뿐만 아니라 영적인 물질을 활성화하여 생명의 영역으로 인도할 수 있게 합니다. 겨울에는 대지의 표면 전체가 활기를 띱니다. 영적인 염기로 작용하는 수은 원리는 새로운 생명을 향해 나아갈 수 있도록 어디에서나 이러한 경향을 활성화시킵니다. 겨울에는 대지의 표면 아래에서 생명을 생산할 수 있는 지구의 능력이 엄청나게 강화되어 있습니다.

그렇지만 이 생명은 주로 그 안에서 작용하는 달-힘으로 이루어져 있으므로 달-생명이 될 것입니다. 그러나 재가 식물의 씨앗에서 떨어지기 때문에 방금 설명한 모든 것은 재로 채워져 있게 되며 대지 영역 안에 모든 과정을 유지시켜 주는 무엇인가가 존재합니다.

그 식물들은 황화 과정을 지나 위로 올라가려고 노력해 왔고 이 과정에서 재가 떨어졌습니다. 이것이, 식물이 에테르-영으로 상승한 후에 지구로 돌아오게 하는 과정입니다. 그래서 한겨울에 대지의 표면은 영을 흡수하고 다시 활력을 불어넣으려는 경향뿐만 아니라 달-힘과 같은 것을 대지화하려는 경향도 보게 됩니다. 떨어진 재의 잔해를 통해 달은 달 생명이 아니라 지구 생명을 촉진할 수밖에 없습니다.

이제 지구 표면에서 시선을 돌려 지구를 둘러싸고 있는 공기-형태를 봅시다. 공기에는, 특히나 한겨울에 태양이 따듯함과 빛을 발산하는 것이 가장 중요합니다. 비록 빛은 지금 고려하려는 것과 관련이 좀 적습니다.

알다시피 과학은 실제로는 전혀 그렇지 않은데도 항상 대상들을 서로 분리한 상태로 다룹니다. 우리는 공기가 산소와 질소 그리고 다른 원소들로 이루어져 있다고 말합니다. 그러나 사실은 그렇지 않습니다; 공기는 항상 태양의 빛을 쬐고 있으므로 단순히 산소와 질소로만 구성되어 있지 않습니다. 바로 이것이 실재하는 사실입니다. 낮 동안에 태양의 활동은 항상 공기에 스며듭니다. 이 활동은 무엇을 의미할까요? 이는 위쪽의 공기가 항상 지구에서 멀리 떨어지려 한다는 것을 의미합니다. 만약 염기-형성, 수은 형성과 재-형성이 단독으로 이루어진다면 지구적인 것 외에는 아무것도 없을 것입니다. 그러나 지구에서 떨어져 위로 올라가려고 하는 활동들이 태양과 공기의 활동으로 흡수되기 때문에 지구의 활동은 우주의 활동으로 변환됩니다. 살아 있는 영 속에서 저절로 작용하던 힘은 지구에서 빠져나갑니다. 태양은 대지 위로 자라고 싹트는 모든 것에서 그 힘을 느끼게 합니다. 그래서 영적인 관점에서 볼 때, 지구 너머 특정 영역에서는 상당히 특별한 경향이 뚜렷해집니다.(〈그림 1〉 참조) 지구에서는 모든 것이 스스로 구체의 모양(어두운 빨간색)을 이루려고 합니다. 구체의 상층부는 평면(불그레한 색)처럼 평평해지려고 지속적으로 시도합니다. 당연히 다시 구체의 모양을 이루려는 경향이 있겠지만 저 위에서는 구형이 항상 평평하게 펴지려고 합니다. 상층부의 영향들을 보면, 정말로 지구를 부수고 분해해서 모든 것은 평평한 표면이 되어 우주로 퍼져 나가게 될 것입니다.

만약 이런 일이 일어난다면 지구의 활동은 완전히 사라질 것이고 별들이 운행할 수 있는 대기와 같은 것이 필요할 것입니다. 이것은 인간에게서 아주 분명하게 표현됩니다. 태양으로 가득 찬 대기 속에서 인간으로서 우리는 어떠한가요? 공기를 들이마심으로써 태양의 활동은 우리에게 곧바로 확장되며 그 활동은 어떤 때에는 확실히 아래쪽으로 가지만 주로 위쪽을 향합니다. 그래서 우리는 머리를 통해 끊임없이 지구의 영향으로부터 멀어지게 되고 이로써 머리는 우주 전체의 활동에 참여할 수 있게 됩니다. 우리의 머리는 항상 평평한 영역으로 뻗어 나가려고 합니다. 만약 우리의 머리가 오직 지구에만 속한다면 특히 겨울에 우리의 모든 사고 경험은 달라질 것입니다. 즉, 우리의 모든 사고가 둥근 모양을 취하려는 느낌이 들 것입니다. 그러나 실제로는 그렇지 않습니다; 우리의 사고는 어느 정도 가벼움과 적응력, 유동성을 가지고 있으며 이것은 태양이 활동함에 따라 우리에게 특징적으로 유입된 결과에 따른 것입니다.

여기 두 번째 경향이 있습니다; 태양(빛)과 같은 것이 지구에 부딪칩니다. 하지만 이것은 겨울에 가장 약합니다. 만약 여기서 한 발 더 나가면 무언가 다른 것이 떠오릅니다. 그러면 우리는 더는 태양의 활동이 아니라 오직 별들의 활동하고만 관련될 것입니다. 왜냐하면 별들은 차례차례 우리 머리에 큰 영향을 미치기 때문입니다. 태양이 우리를 우주로 되돌려 보내듯이 별들은 우리 머리와 인간 유기체의 형성 전체에 깊이 관통하는 영향력을 갖고 있습니다.

그러나 이제 내가 방금 설명한 것이 더 이상 오늘날에 도움이 되지 않는다는 것을 말씀 드려야겠습니다. 왜냐하면 인간은 특정한 방식으로 성장하고 진화하여 자기 자신을 지구의 활동으로부터 해방시켰기 때문입니다. 만약 옛 레무리아 시대, 특히 그 이전의 폴라리스 시대로 돌아간다면 우리는 이 모든 것이 전혀 다르다는 것을 발견해야 합니다. 우리는 지구에서 일어나는 모든 일이 인간 유기체에 큰 영향을 끼쳤음을 알아야 합니다. 여러분은 내가 비학인 점성술을 통해 제시한 지구의 진화에 대한 설명에서 그 영향들을 끌어 모았을 것입니다. 그 초기 시대에서 내가 여러분에게 설명했던 활동의 한가운데에 있는 인간을 찾아야 합니다. 내일 나는 인간이 어떻게 이 모든 것에서 자신을 해방시켰는지 설명할 것입니다. 오늘까지는 우리가 아직도 완전히 그 영향 아래 있는 것처럼 말할 것입니다. 그리고 여기서 오늘날의 이해가 매우 역설적으로 보인다는 점을 발견하게 됩니다.

우리는 다음과 같이 질문할 수 있습니다; 새로운 인간 존재를 성장시키기 시작할 때 어머니는 무엇이 될까요? ―지구상에 새로운 인간 존재가 존재할 수 있기 위해 첫 번째로 일어난 모든 일 이후에―원래 그것은 그 시기에 여성 유기체에 주로 영향을 미치면서 염기를 형성시키는 달-힘; 달-기운입니다. 그래서 여성은 한편으로 그저 일반적인 인간이지만 반면에 염기를 형성시키는 달-기운들이 가장 강력한 영향을 미치는 존재라고도 말할 수 있습니다. 우리는 이것을 다음과 같이 영학의 용어로 표현할 수 있습니다: 지구가―특히 그 표면 바로 아래가―크리스마스 즈음에 달이 되듯이, 여성은 달이 됩니다.

그러므로 깊은 겨울이 한창일 때 주로 달이 되는 것은 지구만이 아닙니다; 이처럼 지구가 달이 되는 경향은 여성이 새로운 인간 존재를 맞이하는 준비를 할 때 다시 일어납니다. 그리고 정확히 이것 때문에, 한여름과 한겨울이 다르듯이 여성에 대한 태양의 영향력이 달라집니다. 그리고 여성을 통한 새로운 인간 존재의 형성은 전적으로 태양의 영향 아래에 있습니다. 여성이 매우 강하게 달-활동, 염기-활동을 자신의 안으로 취하기 때문에 그녀는 스스로 태양-활동을 취할 수 있게 됩니다. 평범한 일상에서 태양-활동들은 심장을 통해 인간 유기체에 의해 흡수되고 거기서부터 유기체 전체에 걸쳐 퍼져 나갑니다. 그러나 여성이 새로운 인간을 낳기 위해 자신의 몸을 직접적으로 준비하는데, 태양-활동은 이 새로운 생명의 형성에 집중되어 있습니다. 따라서 도식적으로 다음과 같이 말할 수 있습니다: 여성은 스스로 태양-활동을 취할 수 있도록 달이 됩니다; 그리고 먼저 배아로서 존재하는 새로운 인간 존재는, 이러한 의미에서 전적으로 태양-활동입니다. 태아는 이렇게 태양-활동이 집중되어서 탄생할 수 있습니다.

오래된 본능적 통찰력은 나름대로 이것을 알고 있었습니다. 한때 옛 유럽에는 주목할 만한 생각이 널리 퍼져 있었습니다. 갓 태어난 아이가 지상의 영양분을 섭취하기 이전과, 생애 처음 한 방울의 우유를 들이켜고 난 후는 사뭇 다른 존재라고 생각했습니다. 그것은 옛 게르만족의 믿음이었습니다. 이 사람들은 갓 태어난 아기가 태양-존재이고, 생애 최초로 지구적인 영양분을 먹은 후 아기가 지구의 생명체가 되었다는 본능적인 느낌이 들었기 때문입니다. 따라서 갓 태어난 아기는 처음에는 전혀 지구에 속하지 않았습니다. 다시 말해서, 제가 다른 때 다룰 수도 있는 신비주의 법에 따르면, 오래된 게르만 풍습은 항상 갓 태어난 아기를 곧장 아버지의 발 앞에 두고 그 아기가 자라나도록 내버려 두거나 파괴할 권리를 주었습니다. 왜냐하면 그 아이는 아직 지구의 생명체가 아니기 때문입니다. 만약 우유 한 방울을 취했다면 아버지는 더 이상 아기를 파괴할 권리가 없었습니다. 그 순간 아기는 자연, 세계, 우주에 의해 하나의 지구-생명체로서 운명을 부여받았기 때문입니다. 이처럼 오래된 관습에는 대단히 깊은 의미가 담겨 있습니다.

그러한 기본 원리를 담아내면 다음과 같습니다: 그 아이는 태양의 존재이다. 그래서 이제 아이를 낳은 여성은 지구에서 일어나는 전 과정과 관련하여 가장 깊은 의미를 지닌 존재라고 보는 것이 가능합니다. 태양 요소를 가장 잘 받을 수 있도록 지구는 한겨울에 달의 경향인 염기-경향을 통해 스스로 준비하기 때문입니다. 그러므로 지구는 태양계 너머의 영역과 인간의 머리가 속해 있는 곳까지 닿아 있습니다.

그래서 이렇게 말할 수 있습니다. 크리스마스의 본질을 바로 우리 영혼 앞에 가져오려면 우리 자신을 인간 존재로 바꿔놓자. 크리스마스의 영 속에는 예수를 우리의 구세주로서 받아들이도록 정해진 아기 예수의 탄생이 표현되어 있습니다. 이것을 자세히 살펴봅시다. 마리아의 모습을 보면, 그녀의 머리가 그 전체 모습, 그 전체적인 표현을 통해 천상의 무언가를 반영하고 있다는 것을 알 수밖에 없습니다. 그래서 마리아가, 주변을 둘러싼 공기 겹겹이 빛을 방사하고 있는 태양과 아기 예수를 자신 안으로 받아들일 준비를 하고 있다는 점을 발견해야 합니다. 결국 우리는 마리아의 모습에서 달-지구적 요소를 볼 수 있습니다.

이제 이것이 어떻게 묘사될 수 있는지 상상해 봅시다. 먼저 지구 표면 아래에 펼쳐져 있는 달-지구의 요소가 있습니다. 그러고 나서 거대한 공간으로 나가면, 인간에게서 우주를 향해 방사된 광선을 발견하게 되는데, 이는 지구가 우주로 보내는 천상의 지구-별 광선으로 볼 수 있습니다. 마리아의 머리는 빛나는 별과 같아서, 그녀의 전체적인 표정과 태도로써 이 별의 방사성(放射性)을 표현해야 한다는 것을 의미합니다.(〈그림 2〉 참조)

그리고 우리가 가슴 쪽으로 시선을 돌려 보면 호흡 과정이 있습니다; 아기는 대기의 구름을 벗어나 제 몸을 드러내면서 태양 광선 곁에서 태양계를 향해 빛나고 있습니다.

아래쪽으로 더 내려가 보면, 달과 같은 염기-형성의 힘에 도

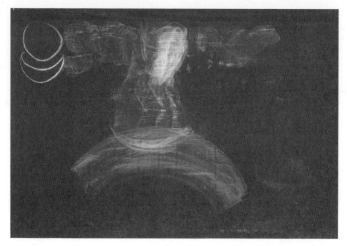

〈그림 2〉

달하게 되는데, 지구의 염기와 달-요소로부터 생겨난 사지가 지구와 역동적인 관계를 맺는 것을 외적으로 표현하고 있습니다. 지구는 달에 의해 내적으로 변모하는 한에서 존재합니다.

이 모든 것은 무지개 색으로 비쳐 보여야 할 것입니다. 왜냐하면 우리가 우주에서 빛나는 별들 너머로 지구를 바라본다면, 지구는 그 표면 아래에 무지개 색을 띠면서 내부가 빛나는 것처럼 보일 것이기 때문입니다. 지구에는 지구-힘, 중력, 사지의 형성과 관련된 것이 있는데, 지구-힘에 따라 의복이 접히는 것으로 표현될 수 있습니다. 그래서 지구-힘과 관련하여 의복을 아래쪽에 놓아야 합니다. 그리고 지구-달의 요소를 표현하기 위해서는 좀 더 높은 곳에 그림을 묘사해야 할 것입니다. 또한 상징적인 의미로 달을 그려볼 수도 있습니다; 그러나 달-요소는 지구의 형상에 분명하게 표현되어 있습니다.

더 높이 올라가면, 달-요소로부터 나오는 것을 제시해야 합니다. 우리는 구름에 많은 사람의 머리가 스며들어 아래로 누르는 것을 봅니다; 그들 중 하나는 마리아의 팔에 안긴 태양, 곧 아기 예수로 묘사되고 있습니다. 그리고 이 모든 것은, 위를 향해 있으며 마리아의 안색으로 표현된 별의 광휘를 통해 완성되어야 합니다.

만약 우리가 겨울의 깊이를 이해한다면, 우주와 인간의 관계, 특히 지구에서 탄생의 힘을 받아들이는 인간과 우주의 관계를 어떻게 보여 주는지 이해한다면, 여성을 표현할 수 있는 유일한 방법은 다음과 같습니다: 구름에서 형성되고, 지구의 힘을 부여받으며, 달-기운을 아래에 두고, 태양을 가운데에, 그리고 위에 머리를 향해서는 별의 힘을 갖춘 것과 같은 형태일 것입니다. 어린 아기 예수와 함께 있는 마리아의 그림은 우주 그 자체로부터 생겨납니다.

만약 가을의 우주를 이해한다면, 어제 내가 지적한 대로 그림 속에 모든 힘의 형태를 표현할 수 있도록 미카엘과 용을 예술적으로 묘사할 필요가 있습니다. 같은 방식으로, 크리스마스 때 우리가 느끼는 모든 것은 마리아와 아이의 그림 속에 담겨 있습니다—일찍이, 특히 기독교 시대의 첫 번째 세기에 많은 화가들에 의해 이 그림이 그려졌지만, 그중 마지막 걸작으로 라파엘의 「시스티나 마돈나」가 지금까지 보존되어 있습니다.

「시스티나 마돈나」는 고대에 널리 퍼진 자연과 정신에 대한 위대한 본능적 앎에서 태어났습니다. 그것은 상상력의 그림이기 때문에, 크리스마스의 비밀 속에 내면의 시야를 전환한 사람에게는 실제로 살아 있는 그림으로 다가옵니다.

따라서 우리는 다음과 같이 말할 수 있습니다: 계절의 흐름은, 명확하고 찬란한 상상 속에서 내면의 시야를 표현해야 합니다. 온 존재를 이끌고 세상에 나가면, 가을은 미카엘이 용과 싸우는 영광스러운 상으로 다가옵니다. 용은—황의 구름에서 태어났기에—오직 황의 형태로만 표현할 수 있고 유성철이 칼에 농축되어 섞였다고 생각할 때 미카엘의 검이 나타나듯이, 크리스마스 때 우리가 느낄 수 있는 모든 것 속에서 성

모 마리아의 모습이 떠오릅니다. 그녀의 옷은 지구의 힘에 따라 주름져 있으며—이러한 세부 사항까지도 그림에서 뚜렷이 나타나는데—가슴 부분에서는 옷이 수은 형태를 띠면서 안으로 둥글려져, 내적인 보호막 같은 느낌이 들게 합니다. 여기서 태양-힘은 입구를 찾을 수 있고, 아직 지상의 영양분을 받지 못했다고 생각해야 할 순진무구한 아기 예수는 위에 있는 별들의 광채를 받으며 마리아의 팔에서 쉬고 있는 태양-활동입니다. 마리아의 머리와 눈을 묘사하는 방법은, 마치 빛이 그 안에서부터 밖의 인간을 향해 비추고 있는 것처럼 해야 합니다. 그리고 마리아의 팔에 안긴 아기 예수는 둥근 구름 모양에서 나온 것처럼 보여야 하고, 부드러우며 사랑스럽고, 마음속 깊이 보호받듯 보여야 합니다. 그리고 지구의 중력에 노출되어 있는 옷을 통해 그 중력의 힘이 어떻게 작용하는지를 표현해야 합니다.(〈그림 2〉 참조)

이 모든 것은 색으로 가장 잘 표현됩니다. 그리하여 크리스마스 시기에 우주적 상으로 빛나는 그림을 볼 수 있습니다—이는 부활절까지 우리가 함께할 수 있는 그림으로, 그때 우주와 갖는 연관성 속에서 부활절의 상을 다시 한 번 떠올릴 수 있습니다. 우리는 내일 그것에 관해 이야기할 것입니다.

여러분은 이것으로부터 예술이 하늘과 지구의 상호 작용을 통해 나온다는 것을 알게 될 것입니다. 참된 예술은 인간이 우주에서 영적-정신적-물리적으로 경험하며 드러나는 장엄한 상을 표현하는 것입니다. 그래서 자연-의식에서 벗어나려는 자의식의 발전을 위한 내적 투쟁에 관계된 모든 것을 나타내기 위해서는, 미카엘과 용의 전투를 담아낸 웅대한 그림 외에는 아무것도 소용이 없을 것입니다. 또한 깊은 겨울 동안 자연이 우리의 영혼에 작용하는 것을 보려 한다면, 예술적인 상상력으로 그 모든 것을 표현한 성모와 아기 예수의 그림에서 찾을 수 있습니다.

이처럼 하늘이 지구에 새긴 것들은 다시금 강력한 그림—한 인간의 마음속에 실재하며 성장하는—속에서 살아나게 됩니다. 그러므로 위대한 우주적 예술가를 따라가 보면 계절의 경과를 관찰할 수 있습니다.

따라서 한 해의 순환은 네 가지의 상: 미카엘 상, 마리아 상 그리고 나중에 보게 될 부활절 상, 성 요한 상에서 자신을 드러냅니다.

제3장
부활절의 상(象)

우리가 우주와의 관계라는 측면에서 볼 때, 깊은 겨울에 지구는 자기 안에 닫힌 존재임을 깨달아야 합니다. 지구는 겨울 동안 지구적 본성으로 응축되어 온전히 지구인 상태라고 말할 수 있습니다. 이해하기 쉽게 비교하면, 한여름에 지구는 우주에 바쳐져 우주와 함께 살아갑니다. 그리고 그 중간인 봄과 가을에는 언제나 두 양극 간의 균형이 존재합니다.

이 모든 것이 지구의 삶에서 매우 중요합니다. 그래서 앞으로 내가 할 이야기는 당연히 겨울에서 봄으로의 전환기에 지구 표면에서 일어나는 일에만 해당합니다.

지난 강의에서 해 왔던 것처럼 순수하게 물질적인 영역에서 시작해 봅시다. 겨울 동안 가장 중요한 요소로 여겨진 염기 침적물을 살펴보겠습니다. 우선 지구 존재 전체에서 극도로 중요한 현상인 석회암 침적물에 대해 연구할 것입니다.

여러분이 쥐라산맥의 석회암 지대로 둘러싸인 이 방에서 나가기만 해도 오늘 설명하려는 모든 것을 눈앞에서 볼 수 있습니다. 일상적 관찰로는 극히 표면적인 것만 알 수 있기에 대부분 사람에게 석회암은 그저 석회암이며 겉으로 보아서는 겨울과 봄에 따라 각 석회암이 다른 점을 알 수 없을 것입니다. 그러나 이를 구별해 내지 못하는 것은 내가 어제 '벼룩의 관점'이라고 불렀던 바로 그 관점 때문입니다. 석회암의 변형 과정은, 말하자면 우리가 멀리 우주까지 시야를 넓혀야만 볼 수 있습니다. 그래야만 봄과 겨울에 따라 다른 석회암의 미세한 상태 차이를 발견할 수 있으며 바로 이러한 이유로 석회암이 토양에서 가장 중요한 침적물이 됩니다. 우리가 지금까지 보아 온 여러 가지 고려할 점과 혼과 영이 모든 곳에 존재한다는 사실을 알기에 이와 같은 물질 모두가 혼과 생명이 담긴 존재라고 말할 수 있습니다. 그러므로 겨울의 석회암은 스스로 완성된 존재라고 할 수 있습니다.

나의 책,『고차 세계의 인식으로 가는 길』에 설명한 직관적 방법으로 겨울 석회암이라는 존재에 들어가 보면, 지구에 거주하는 자연적 존재들로 이루어진 매우 다양한 영들이 그 안에 깃들어 있음을 발견할 수 있습니다. 그러나 석회암은 마치 인간의 두뇌가 중요한 문제를 풀다가 생각 끝에 해결 방향을 찾으면 기뻐하는 것처럼, 스스로 만족한 것과 같은 상태입니다. 우리는—직관은 언제나 감정을 내포하므로—겨울 동안 석회암이 형성되는 지역 전체에 있는 내적 만족감을 지각할 수 있습니다.

만약 우리가 물속을 헤엄친다면 온 사방의 물을 지각할 수 있을 것입니다. 이와 마찬가지로 우리가 석회암의 형성 과정 속에서 영적으로 헤엄치고 있다면 온 사방에 깃든 겨울의 만족감을 지각할 수 있습니다. 그것은 겨울 석회암에 내적으로 침투해 유동적으로 끊임없이 변화하며, 살아 있는 영적 형태로서 우리 앞에 여러 가지 상(象)으로 나타납니다.

그러나 봄이 되면, 특히 3월에 석회암은 영적인 특성이 흐릿해지는 상태에 이른다고 말할 수 있습니다. 왜냐하면 이 즈음 석회암에 깃들었던 자연적 존재들이 우주적-영적 날숨을

통해 우주로 떠나가기 때문입니다. 이때 석회암의 영적 사고
력은 흐려지지만 놀라운 사실은 석회암이 간절한 욕망으로
가득 찬다는 것입니다. 즉, 석회암에서 내적인 활력 같은 것이
점차 고양되고 미세한 생명의 에너지가 점차 자라납니다. 봄
의 끝자락에 이르러 활동력이 꾸준히 증가하며 풀이 솟아오
르듯 여름이 다가올수록 더욱 강해집니다.

이러한 것은 투박한 외적 형태로는 드러나지 않지만 미세
하고 은밀한 방식으로 분명히 일어납니다. 식물은 성장할 때
토양 속 석회암에서 수분과 탄산을 빨아들입니다. 이 손실의
과정에서 석회암은 내적인 생명 활동의 통로를 얻게 되며 이
를 통해 아리만 존재를 끌어들일 엄청난 힘을 획득합니다. 봄
이 올 때마다 석회암의 희망은 되살아납니다. 이것을 제외하
고는 석회암이 자연 환경에서 기대하는 것은 크게 없습니다.
왜냐하면 그들의 활동은 실제로 인간 존재 안에서만 펼칠 수
있기 때문입니다. 그러나 봄이 끝날 무렵 봄의 석회암이 아리
만 존재들에게 주는 인상은 자연 속에서 그들 스스로 용의 본
성을 자유롭게 퍼뜨릴 수 있을 것이라는 생각을 하게 합니다.
아리만 존재는 생명으로 가득 찬 석회암을 발견하고 석회암
에 혼을 불어넣기 위해 우주의 아스트랄 요소를 그 안에 주입

하고자 합니다. 그래서 3월이 가까워져 올 때쯤 진실로 자연에 대한 통찰력을 가진 사람이라면 놀라운 장면을 목격할 수 있습니다. 즉, 아리만 존재가 갖는 희망이 아스트랄 바람처럼 어떻게 지구상에 불어오는지, 그리고 아리만 존재가, 마치 아스트랄 소나기와 같은 것을 지상에 뿌리고자 얼마나 온 힘을 다해 분투하는지 알 수 있습니다. 만약 아리만이 성공할 수 있었다면 아스트랄 소나기는 최소한 일부분, 석회암 지대가 뻗어 있는 만큼이라도 지구를 혼이 깃든 존재로 변형해 냈을 것입니다. 그러면 가을철에 지구는 지표면에서 들리는 모든 발자국마다 고통을 느끼게 됐을 것입니다.

매년 봄 아리만 존재가 행하는 이 시도와 착각은 결국 아무것도 얻지 못하고 끝납니다. 인간의 시점에서 어떤 이는 '이쯤했으면 아리만 존재들이 이제는 똑똑해져서 포기할 때가 됐다고 생각할 텐데.'라고 말할 수도 있겠지만 세계는 사람들이 생각하는 것처럼 돌아가지 않습니다. 해마다 봄이 되면 아리만 존재는 쏟아지는 아스트랄 빗줄기로 지구를 적셔 혼이 깃들고 살아 있는 존재로 변모시킬 수 있다는 희망을 품고, 또 매해마다 그들의 착각은 산산이 부서집니다.

그러나 이 착각 가운데서 인간은 안전하지 않습니다. 우리는 이 착각과 희망의 대기 안에서 번성하는 자연의 산물을 소비하며 살기 때문입니다. 그리고 우리가 먹던 빵이 단지 빻고 구운 옥수수라 여기는 것은 순진한 생각입니다. 아리만의 희망은 자연의 외부에서는 산산이 부서졌지만, 아리만 존재는 그들의 목적을 이미 혼을 갖춘 인간 안에서 이루고자 갈망합니다. 그러므로 매해 봄이 오면 인간은 감지하기 힘들고 은밀한 방식으로 아리만 존재들에게 희생당할 위기에 처합니다. 인간은 다른 어떤 계절보다도 봄이 되면 우주에 작용하는 아리만적 힘에 훨씬 더 많이 노출됩니다.

하지만 이때 지구가 밀어 올린 자연적 존재들이 구름-형성 과정 속에 하나가 되고 행성의 삶과 같은 내적인 활동을 하게 되는 위쪽으로 우리의 시선을 돌려보면, 이와 다른 것도 볼 수 있습니다. 3월이 가까워지면서 아리만 존재가 아래에서 활동할 때, 지구의 물질 안에 존재하지만 온전히 영적이고 비물질적인 자연적 존재들은 수증기, 공기, 온기의 영역으로 상승, 이동합니다. 그리고 활동하는 자연적 존재들 가운데 위로 상승하여 이동한 모든 존재에는 루시퍼가 스며들어 있습니다. 아래에서는 아리만 존재가 자신의 희망을 키워 내고 착각을 경험하는 것처럼, 루시퍼 존재 역시 위에서 그들의 희망과 착각을 경험합니다.

아리만 존재에 대해 좀 더 자세히 들여다보면 그들은 에테릭 본성을 지닌 존재임을 알 수 있습니다. 그리고 실은 미카엘이 제압한 존재인 이들은 매년 봄마다 석회암을 채우는 생명과 욕망을 통해 지구를 지배하고자 시도하는 방법 외에는 자신을 확장할 수 없습니다.

위쪽의 루시퍼 존재는 지구에서 상승한 모든 활동 안으로 흘러들어 침투합니다. 그들은 완전히 순수하게 아스트랄 성질을 지닙니다. 봄에 위로 자라려 애쓰는 모든 것을 통해 그들은 자신의 아스트랄 본성이 에테르 안에 스며들 수 있다는 희망을 품습니다. 그리고 자신들의 거처로 삼기 위해 지구를 싸고 있는 에테르 한 겹을 끌어내려 합니다.

따라서 다음과 같이 말할 수 있습니다. 아리만 존재는 아스트랄의 특성으로 지구에 혼을 불어넣으려 하고(〈그림 3〉의 불그레한 색), 루시퍼 존재는 에테르를 자신의 존재 안으로 가져가려 합니다.(노란색이 겹쳐진 파란색)

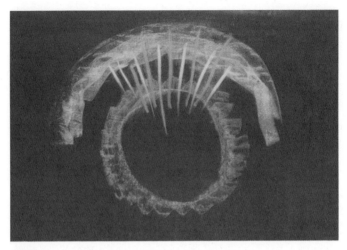

〈그림 3〉

　봄이 되면 식물들은 싹트고 토양의 탄산을 흡수합니다. 그
리하여 탄산은 겨울일 때보다 더 높은 지역에서 활동하게 됩
니다; 탄산은 식물의 영역으로 올라가 루시퍼 존재에게 끌어
올려집니다. 아리만 존재가 아스트랄 빗줄기와 같은 것으로
살아 있는 석회암에 혼을 불어넣으려 애쓰는 동안, 루시퍼 존
재는 지구에서 탄산 같은 것을 안개 혹은 수증기 안으로 끌
어올리려 합니다.(〈그림 3〉의 파란색과 노란색) 이 존재들이 성공
하였다면 인간은 지구상에서 더 이상 호흡할 수 없었을 것입
니다. 만일 루시퍼 존재가 물리적 호흡에 의하지 않고 인간
으로부터 에테르 성분들을 모두 퍼 올려 자신에게 합치는 데

성공했다면 그들은 더는 아스트랄 존재가 아닌 에테르적 존재가 되었을 것입니다. 그러면 지구의 모든 인간과 동물은 멸종하고 지구는 오직 에테르적 천사-존재들로만 둘러싸일 것입니다. 이것이 바로 3월이 될 때 루시퍼의 영들이 성취하고자 하는 것입니다. 그들은 인간의 에테르적 본성 안에 밀집해 들어와 지구 전체를 그들이 기거할 수 있는 섬세한 껍데기와 같은 것으로 바꿔 내고 스스로 영속적으로 존재하길 희망합니다.

만일 아리만 존재가 그들의 희망 사항을 성취했다면 인류 전체는 서서히 지구 안으로 녹아들어 갔을 것입니다: 지구가 인간을 흡수하게 됩니다. 그리고 마침내 아리만의 의도대로 모든 인류가 융합된 하나의 거대한 개체가 지구로부터 솟아 나옵니다: 인간이 그 개체와 합체된 것입니다. 지구와 합쳐지는 변이 과정은 다음과 같이 구성됩니다: 인간의 전체 유기체가 점점 더 석회암처럼 변합니다. 인간은 석회암을 자신의 유기체와 혼합하고 자신은 점점 석화됩니다. 이렇게 해서 인간은 지금과는 상당히 다른 〈그림 4〉와 같이 머리와 박쥐의 날개가 달린 경화된 형태로 몸을 바꾸어 낼 것입니다. 이 형체는 서서히 지구 안의 요소와 섞여 들어갈 수 있게 되어 결국 아리

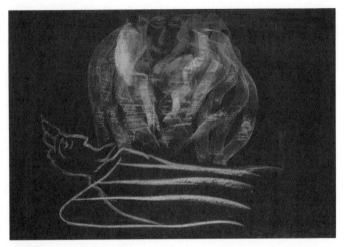

〈그림 4〉

만의 생각대로 지구 전체가 하나의 살아 있는 지구-존재로 되어 버릴 것입니다.

반면에 루시퍼 존재가 인간의 에테르를 흡수할 수 있고 자신을 아스트랄에서 에테르적 상태로 응축해 낼 수 있었다면 에테르의 형태를 갖춘 채, 인간의 형태에서 하체가 없고 상체는 변형된 것 같은 어떤 것이 그들에게서 생겨났을 것입니다. 그 몸은 지구-증기(〈그림 4〉의 파란색 참조)로 형태가 만들어지고 이상화된 인간 머리(빨간색)를 갖추지만 대략 가슴 정도까지만 형성될 수 있을 것입니다. 그리고 이 존재는 특이하게 구름(노란색)에서 태어난 것처럼 날개가 있습니다. 이 날개는 마치 커다랗게 확대된 후두처럼 앞쪽에 모여 있으며 양 끝은 청각 기관인 귀를 향해 모여 다시 한 번 후두와 이어집니다.

여러분이 보았듯이, 나는 회화적으로는 괴테아눔 돔 천장 그림에, 그리고 조형적으로는 '인류의 대표' 조각상에서 아리만의 모습을 통해 단단히 경화된 형태를 표현하려 했습니다. 그리고 루시퍼가 지구의 에테르를 흡수할 수 있었다면 아마도 갖추었을 지구-수증기와 구름덩이로 만들어진 루시퍼의 모습도 표현해 놓았습니다. [첫 번째 괴테아눔의 작은 돔에 있는 중심 모티브(루돌프 슈타이너의 스케치를 그린)와 루돌프 슈타이너의 「인류의 대표」 나무 조각상을 지칭.]

그러므로 지구의 삶 자체에 인간이 처하게 될 양극단이 새겨져 있습니다: 첫 번째로 하나의 극단은, 만일 인간이 아리만의 영향 아래에 생명력이 담긴 석회암을 받아들인다면, 서서히 지구와 하나가 되어서, 살아 있고 지각력이 있는 지구 전체로 녹아드는 경우입니다. 두 번째로 다른 하나의 극단은, 루시퍼 존재가 아래로부터 탄산 수증기를 상승시키는 데 성공하여, 호흡이 사라지고 육체의 형태가 소멸하면서 에테르를 지닌 인간의 육체는 위쪽에 존재하는 루시퍼 천사-존재의 아스트랄과 합쳐지는 것입니다.

그러나 우리는 다시 한 번 다음과 같이 말할 수 있습니다: "이 모두는 루시퍼 존재의 희망이자 착각이다." 우주의 광활한 공간을 꿰뚫어 볼 수 있는 영안을 지닌 사람이라면 셰익스피어의 희극에서처럼 떠가는 구름을 보고 처음에는 낙타 모양이라고 했다가 이내 다른 모양 같다고 하지는 않을 것입니다. 3월이 오면 그 영안자는 지구로부터 자신이 스며들 껍데기를 창조해 내려 애쓰는 루시퍼 존재의 역동적인 힘을 구름 속에서 발견할 것입니다. 이처럼 인간은 이 양극단 사이에서 동요하며 흔들립니다. 루시퍼와 아리만이 갖는 열망은 오늘날 존재하고 있는 인류를 없애 버리는 것입니다.

이와 같이 다양한 활동은 지구의 삶에서 드러납니다. 루시퍼 존재가 꾸는 희망은 매년 봄마다 산산이 깨지지만, 그 여파는 인간에게 여전히 작용합니다. 사람들은 봄철 동안 아리만의 힘에 강하게 노출되는 한편, 점점 여름이 가까워질수록 루시퍼 존재의 영향권 안에 들어갑니다.

그 힘들은 아주 미세한 방식으로 작용하기 때문에 오늘날에 와서는 한 해 동안 벌어지는 우주의 활동을 감지하고 살아가며 영적으로 민감한 사람만이 알아차릴 수 있습니다. 그러나 이전 시대, 후기 아틀란티스 시대에서도 이 모든 것은 아주 중요한 의미가 있었습니다.

예를 들어 이전 시대에 인간의 생식은 계절과 밀접히 연관되어 있었습니다. 수정은, 내가 위에서 설명한 방식으로 그 힘들이 활발해지는 봄에만 이루어졌고, 그 때문에 출산은 연말이 가까워서야 가능했습니다. 그러므로 지구의 삶 역시 인간의 삶과 밀접히 연관돼 있었습니다. [1916년 12월 21일 바젤에서 행한 강연, Christmas at a Time of Grievous Destiny 참조. The Festivals and Their Meaning, Vol. 1: Christmas에 인쇄(Rudolf Steiner Press).]

루시퍼의 신조는 지상의 모든 것을 자유롭게 하는 것이며 그가 해방시킨 것 중 하나가 바로 수정과 출산입니다. 인간 존재가 연중 아무 때나 태어날 수 있게 된 것은 루시퍼의 영향이 빚어 낸 결과입니다. 이에 따라 인간이 지구에 속박된 관계로부터 벗어나는 경향이 나타나고 인간의 자유가 점차 확립되는 과정에 이르게 됩니다. 지금도 여전히 유효한 이 영향력에 관해서 다음 기회에 설명하겠으며 오늘은 루시퍼 존재가 의도하는 목적이 이전 시대 특정 시점까지 어떻게 달성되었는지 보여드리겠습니다. 만약 그렇지 않았다면 인간은 항상 겨울에만 태어났을 것입니다.

이에 맞서 아리만 존재는 인간을 지구와 결합시키기 위해 온 힘을 다해 끌어당깁니다. 그리고 루시퍼 존재가 과거에 이렇게 상당한 영향을 끼쳤기 때문에 아리만 존재는 자신의 정신과 기질을 지상의 존재들과 결합함으로써 인간을 완전한 물질주의자로 만들어 버리고 지구에 묶어 두려는 목적을 최소한이라도 달성할 것이라 기대합니다. 아리만 존재는 인간이 사고하고 감정을 느끼는 능력을 섭취하는 음식에 따라 완전히 좌우되도록 만듭니다. 이러한 아리만의 영향은 특히 우리 시대와 관련되어 있으며 그 경향성은 점점 더 강해질 것입니다.

그러므로 우리가 과거를 돌아보면 루시퍼 존재가 이뤄 내고 우리에게 물려준 것을 발견하게 됩니다. 반면에 우리가 저 멀리 지구의 끝을 내다보면 사실상 인간을 지구 안으로 용해해 낼 수 없는 아리만 존재가 어떻게 해서든 인간을 굳어지게 해서, 그저 몸 안에 있는 물질적 성분이 사고하고 느끼는 것만 사고하고 느낄 수 있는 조잡한 물질주의자로 추락시키려는 위협에 직면한 인류를 만나게 됩니다.

루시퍼 존재는 인간에게 자유가 없던 시절, 앞서 언급한 방식으로 인간을 자연으로부터 해방시키는 임무를 완수했습니다. 흔히 설명하듯이 출산의 시점 같은 자연적 과정이 인간의 통제하에 있다고 해서 자유가 인간의 의지나 추상적 방식으로 생겨난 것은 아닙니다. 이전 시대에 아이들이 어느 계절에나 태어날 수 있다는 것이 분명해지자 이러한 사실은 인간의 영과 혼에 해방감을 불러일으켰습니다. 우리는 일반적으로 상상하는 것보다 훨씬 더 깊이 우주에 의존하고 있습니다.

그러나 우리는 인간의 자유가 확장된 이때, 인간을 지구에 속박하려는 아리만의 위협을 제거하기 위해 자유로운 상태를 이용해야 합니다. 왜냐하면 다가오는 미래에 이러한 위협이 인간 앞에 도사리고 있기 때문입니다. 그래서 이와 관련하여 지구의 진화 속에서 골고다의 비의(秘意)라는 객관적 사실이 어떻게 일어나는지 볼 수 있습니다.

비록 골고다의 비의는 지구 역사상 단 한 번 일어난 일이지만 그 의미는 인류에게 해마다 새롭게 다가옵니다. 우리는 위쪽에서는 루시퍼의 힘이 인간의 육체를 어떻게 해서 탄산 증기로 질식시키려 하는지, 반면 아래쪽에서는 아리만의 힘이 아스트랄 빗줄기로 석회암 덩어리에 생명을 불어넣어 인간을 석회화하고 결국 어떻게 석회암으로 응축하려 하는지 그 작용을 감지하는 법을 배울 수 있습니다. 그러나 이것을 감지할 수 있는 사람에게는 루시퍼와 아리만의 힘 사이에서 그리스도의 모습이 떠오릅니다. 이 그림과 조각상에서 보듯이 그리스도는 물질의 무게에서 스스로 해방되었고 아리만을 제압하고 빠져나와 아리만을 조금도 개의치 않고 발밑에 두고 있습니다. 또한 인간의 상체를 지구에서 떨어뜨리려 애쓰는 힘들을 이겨 내는 그리스도의 모습도 보입니다. 아리만의 정복자, 그리스도의 얼굴에는 루시퍼의 힘이 감히 침범할 수 없는 듯한 태도, 눈빛과 표정이 드러나 있습니다. 루시퍼의 힘을 끌어내려 제압하고 있는 이 모습이 바로 매년 봄 그리스도가 나타나는 형상입니다. 우리는 그리스도를 다음과 같이 그려야 합니다. 아리만이 지배하고자 했던 지상에 서 있으며 죽음을 넘어 승리했습니다. 루시퍼의 힘을 옮겨서 그리스도의 용모에 지상의 아름다움으로 담아 무덤에서 부활한 독생자로 그려야 합니다.

부활한 그리스도는 그림에서처럼 루시퍼와 아리만의 형태 사이에 나타납니다. 머리 위에 떠도는 루시퍼와 발아래 놓인 아리만의 힘을 지닌 되살아난 그리스도입니다.

　이 우주적 상은, 한겨울 크리스마스의 상으로 '마리아와 아기 예수'를 만나고, 9월의 끝 무렵 미카엘의 상을 만나는 것처럼 부활절의 상으로 우리에게 다가옵니다. 한 해가 지나는 동안 일어나는 우주적 사건들의 한 형태로, 여기서 그리스도를 그린 방식이 얼마나 정확한지 알 수 있습니다. 임의로 정해진 것이 결코 아닙니다. 얼굴에 드러난 모든 표정과 특징, 옷이 흘러내려 접힌 부분 하나하나까지도 루시퍼와 아리만의 사이에서 그 힘을 제압하는 그리스도의 모습으로 보아야 합니다. 즉, 인간이 루시퍼와 아리만의 희생양이 되기에 가장 쉬운 부활절과 봄, 바로 그때, 두 힘으로부터 빠져나와 인류 진화의 길을 앞서 가는 일자(一子; the One)로서 그리스도의 상을 구현하고 있는 것입니다.

　여기 그리스도의 모습을 보게 되면 예술계에서 좋아하는 임의적인 상상으로는 아무것도 올바르게 만들어 낼 수 없음을 다시 한 번 정확히 알 수 있습니다. 만일 한 인간이 예술의 영역에서 완전한 자유를 얻고자 한다면, 그는 재료와 모델을 결정할 때 노예적인 아리만의 방식으로 자신을 속박하지 않고, 그 대신 자유롭게 날아올라 영적으로 고취된 채 자유롭게 창조할 것입니다. 왜냐하면 자유는 영적 높이에서만 꽃 필 수 있기 때문입니다. 그리고 그는 푸른 보랏빛이 도는 증기로 가슴 같은 모양을 빚어 루시퍼 요소를 만들고, 불그스름한 구름에서 나오는 듯한 날개, 후두와 귀를 가진 모양을 만들 것입니다. 그리하여 이 모양들이 아스트랄 본성을 띠면서도 에테르의 외피를 취하고자 위협하는 존재들의 형상으로 완전히 현실 안에 나타나도록 창조할 것입니다.(〈그림 4〉 참조)

아스트랄의 영향력을 지니고 있지만 에테르를 얻기 위해 분투하는 루시퍼의 날개를 여러분 앞에 한번 생생하게 떠올려 보십시오. 이 날개들은 우주 공간을 실제로 느끼며 파악하고 있어서 우주에 존재하는 모든 힘의 신비에 대해 아주 민감하다는 것을 알게 될 것입니다. 마치 파도처럼 물결치는 이 날개의 움직임은 신비롭고 영적인 우주의 파도 작용과 연결되어 있습니다. 이 파도가 가져오는 경험은 귀-형성 과정을 거쳐 루시퍼 존재의 내면으로 유입되어 한 단계 더 나아갑니다. 루시퍼 존재는 그동안 날갯짓을 통해 느꼈던 것을 형성된 귀와 귀 가까이에 연결된 후두를 통해 인지하고 그러한 얇은 살아 있는 존재의 형태 안에서 엮어지고 작용하는 창조의 말이 됩니다.

여러분이 루시퍼의 존재를 이처럼 노랗고 불그스름한 날개와 귀, 후두를 가진 것으로 상상해 본다면 우주의 신비에 민감하게 반응하는 현상들을 루시퍼에게서 발견할 수 있습니다. 즉, 루시퍼는 내면에서 이어지는 귀-형성을 통해 우주의 신비를 경험하고 한 유기체 안에 날개와 귀를 결합하여 후두를 통해 창조의 말을 퍼뜨립니다.

루시퍼는 바로 그렇게 대강당 천장화와 괴테아눔의 중심에 놓인 조각상에 표현되어 있습니다. 따라서 어떤 의미에서 부활절의 신비는 이 중심에 놓였어야 할 것입니다. 그러나 누군가 이것에 관해 완전히 이해하기 위해서는 형태에 완성도를 더할 필요가 있습니다. 왜냐하면 루시퍼와 아리만의 위협적인 영향으로 보이는 모든 것은 자연의 힘에 내재된 존재에게서 비롯된 것이며 봄, 여름을 향해 가려는 움직임들이기 때문입니다. 이에 대항하여 그리스도가 발산하는 치유의 법칙이 있습니다. 그러나 이 모든 것에 대한 생생한 느낌은 계획한 건축물이 완성될 때 생길 것이고 내가 묘사한 것도 그때서야 건축물과 조각의 형태 안에서 드러날 것입니다. 그리고 미래에 이 조각상 앞에서 두 명의 주인공이 이끄는 생생한 드라마를 선보일 수 있을 것입니다. 바로 인간과 라파엘 대천사입니다.

그 드라마는 수성(水星)의 보좌를 받는 라파엘 대천사와 인간을 주인공으로 하는 일종의 신비극입니다. 살아 있는 모든 예술 작업에는 도전이 따르며, 작품 안에 우주의 이치를 내포하고 있는 어떠한 조각이나 건축도 그 예술 행위를 구현하는 주변 공간을 표현하지 않는 것은 없습니다. 부활절이 오면 이 건축과 조각상은 하나의 신비극을 불러올 것입니다. 극을 통해 라파엘 대천사의 가르침을 받은 인간이 루시퍼와 아리만의 힘에 의해 얼마만큼 병적인 상태에 빠질 수 있는지 알게 됩니다. 또한 라파엘의 힘으로 치유의 법칙과 그리스도-원리 안에 살아 있는 위대한 세계-치유를 어떻게 지각하고 깨달아야 하는지 보여 줍니다. 이 모든 것이 실현되고 괴테아눔이 이를 위해 설계되었다면, 부활절에 루시퍼와 아리만의 신비로부터 인간에게 흘러 들어올 수 있는 모든 것 중 최고의 것이 나타나게 될 것입니다.

만약 우리가 봄에 살아 있는 석회암을 통해 우주의 아스트랄 요소를 차지하려고 탐욕스럽게 시도하는 아리만의 활동을 인지하는 법을 배운다면 소금 같은 종류의 모든 자연물이 가진 치유의 힘도 알아볼 수 있을 것입니다. 투박한 활동에서는 그 차이가 분명하지 않지만, 치유력을 가진 존재들 가운데에서 드러납니다. 따라서 우리는 지구의 염기-침적물에 존재하는 아리만의 작동 방식을 공부하면 이 치유의 영향력을 알 수 있습니다. 왜냐하면, 다음 시간에 더 자세히 배우겠지만 한 계절에 스며드는 아리만의 영향력은 다른 계절에서는 치유의 힘으로 변형되기 때문입니다. 우리가 자연의 존재들과 산물 안에 어떠한 신비들이 펼쳐지는지 안다면 그들의 치유력 역시 습득 가능할 것입니다. 마찬가지로 대지로부터 상승하는 휘발성 성분, 특히 탄산에 존재하는 성분이 가진 치유의 힘을 인지할 수 있다면 루시퍼 요소의 치유력 역시 배울 수 있습니다. 이미 말했듯이 모든 물에는 수성과 수은의 요소가 있고 탄산에는 황과 인의 요소가 담겨 있습니다.

화학자들이 설명하듯이 탄소 원자 하나, 산소 원자 두 개로만 구성된 탄산은 없습니다. 그런 것은 존재하지 않습니다. 우리가 내쉬는 탄산에는 언제나 인과 황의 요소가 담겨 있습니

다. 탄소 원자 하나, 산소 원자 두 개인 탄산가스, 이산화탄소
는 그저 인간의 머릿속에 지식으로 추상화, 개념화된 것입니
다. 실제 극도로 희박해진 상태의 탄산가스가 황과 인의 요소
를 포함하지 않는 때는 없으며 루시퍼 존재는 상승하는 수증
기를 통해 그 안에 들어오려 합니다.

다시 한 번 말하지만 아스트랄로 변하는 황의 요소와 생명
력을 가지려는 석회암 사이의 이 독특한 균형 안에서 우리가
깨닫는 힘들이 치유의 영향력을 갖게 됩니다.

그래서 부활절의 신비에 관한 많은 것 중에서도 부활절 신
비극을 괴테아눔의 그림과 조각상 앞에서 상연해야 합니다.
그리고 기꺼운 마음으로 듣고자 하는 이들에게 4계절의 순환
속에서 얻게 되는 치유의 방법에 대한 소통은 진정으로 생생
하고 예술적이며 종교적인 형태로 절정에 달하게 할 것입니
다. 그러면 이들은 우주와 계절의 순환 과정에 함께하는 영예
를 얻을 것입니다. 또한 부활절 축제는 다음과 같이 표현될 것
입니다. "'세계-치유자'의 현존이 느껴진다. 세계로부터 커다
란 악을 드러낸 구세주. '그'의 현존이 느껴진다." 내가 자주
언급했듯이 진실로 '그'는 인류의 진화에서 가장 '위대한 의

사'입니다. '그'는 인간이 가질 수 있는 치유의 영향력에 관해 모든 지혜를 요구받을 것이며 희생할 것입니다. 이 모든 것이 부활절의 신비와 의식에 담겨 있습니다. 이렇게 부활절 축제를 기념함으로써 한 해의 계절이 순환하는 이치에 따라서 우리 존재도 아주 자연스럽게 자리 잡을 것입니다.

나는 강의를 시작하며 여러분에게 미카엘마스와 크리스마스 때 인간 앞에 나타나는 강렬한 상에 대한 설명을 오직 그림으로만 보여드릴 수 있었습니다. 그러나 자연-영들의 활동에 대항하여 고차원적인 영의 생명이 일어나는 부활절 상의 경우, 이것이 그리스도 가까이에서 펼쳐질 수 있기에 부활절의 상이 어떻게 지상의 영역에서 제의적 의식으로 이어질 수 있는지 보여 주었습니다. 그 제의적 의식은 루시퍼와 아리만의 힘이 어떻게 인간 유기체를 파괴할 수 있는지에 관한 앎과 지구에서 반드시 소중히 보존하며 간직해야 할 건강과 치유의 힘을 담아내고 있습니다. 아리만은 인간을 단단하게 경화시키고자 하고, 반면에 루시퍼는 그의 호흡으로 인간을 용해하여 증발시키려 합니다. 이러한 모든 힘 속에 질병을 일으키는 힘이 자리 잡고 있습니다.

기독교에서 수성으로 불리며 수성의 보좌를 받는 위대한 스승 라파엘 대천사의 영향 아래 배울 수 있는 모든 것은 부활절의 신비와 의식을 통해서 전달될 때에만 가치 있게 영예로워질 수 있습니다. 그 밖에 많은 것들이 이 안에 담길 수 있으며 이에 관해서는 다음 강의에서 이야기하겠습니다.

제4장
성 요한의 상(象)

이제 우리는 봄의 축제인 부활절에서 다음 계절로 넘어가며 이 주제에 관해서 앞선 계절들보다 더 깊이 영적으로 파고들어야 합니다. 모순적으로 들릴 수 있지만, 사실 그렇지 않습니다. 크리스마스 시기를 생각할 때 우리는 지구의 광물질인 석회암이 서서히 변형되는 방식에서 시작해 부활절 시기로 그에 관한 사고를 이어 갔습니다. 지금까지는 보통 영이 물질 영역 안에서 활발히 작용하는 것부터 주목하여 살펴봤습니다. 여름, 특히 여름 한가운데에서 인간은 실로 자연의 존재와 밀접히 연관됩니다. 봄에서 여름으로 넘어가는 때 자연은 지속적으로 활동력이 강해지며 내적으로 만족스러운 상태에 이릅니다. 그리고 인간 존재는 전적으로 이러한 자연의 분위기에 섞여듭니다. 실제로 한여름에 인간은 자연-의식을 경험한다고 말할 수 있습니다. 봄철에 인간이 그 활동을 지각하고 느낄 수 있다면 자라나고 싹트는 모든 것과 일체가 될 것입니다. 꽃과 함께 피어나고 잎과 함께 싹 트며 식물과 함께 열매 맺고 외부 세계에 살아가는 모든 존재의 일부가 되어 갑니다. 이를 통해 인간은 자신의 본성을 온 자연에 퍼뜨리고 자신에게는 일종의 자연-의식 같은 것이 생겨납니다. 그리고 가을이 되면 자연은 죽어 가며 그 안에 죽음을 품게 됩니다. 만약 인간 존재도 미카엘마스 때 자연 속에 가을이 갖는 의미 그대로 영향을 받는다면 역시 그 안에서 이 죽음을 경험할 수밖에 없습니다. 그러나 인간 스스로 이 죽음에 동참해서는 안 되며 죽음 너머로 자신을 끌어 올려야 합니다. 바로 그 자연-의식의 단계에서 자의식이 강화되어야 합니다. 인간의 자연-의식이 여름철 뜨거운 빛 아래 절정을 이루기 때문에 인간이 의지로 가득 차 있다면 우주는 영적인 힘을 인간에게 채워 주기 위해 더욱 노력할 필요가 있습니다.

그러므로 인간은 여름에 자연과 더욱 밀접히 연관되어 있으며 우리가 그것을 올바르게 느끼고 지각할 수 있다면, 실재하는 영은, 자연이 내적으로 엮어 내는 생명에서 나와, 우리에게 다가온다고 말할 수 있습니다. 그러므로 우리는 한여름 성요한의 시기에 인간 존재의 본질을 찾기 위해 외부 세계에 실재하는 영성으로 눈을 돌려야 하며 이 영성은 자연 전체 어디에나 존재합니다. 외적으로 봐서는 누군가는 잠들어 있다고 말할 법하지만 싹 틔우고 봉오리를 맺는 자연의 존재들은 잠의 힘으로부터 생장 발육의 기운을 불러내고 있으며 이 잠에서 오는 자연-생명력이 외적인 형태를 형성하게 합니다. 인간이 지각할 수 있다면 바로 이 잠든 자연 안에 있는 모든 것에 생명을 불어넣고 누비듯이 나아가는 영성이 드러나게 됩니다.

그래서 한여름에 우리가 깊어진 영안과 통찰력으로 자연을 살피면 우리는 지구 안 깊은 곳으로 시선을 돌리게 됩니다. 그 아래에서 우리는 그 어떤 계절보다 더 선명하게 광물질 안에서 일어나는 결정-형성 과정을 발견할 수 있습니다. 성 요한 축일 즈음에 우리가 통찰력이 더해진 눈으로 지구의 심연을 들여다본다면, 지구 스스로 단단하게 응축하여 충만한 한여름의 아름다움을 담은 결정체가 있다는 인상을 받게 됩니다. 한여름에 지구 밑에 있는 모든 것은 선, 면 그리고 각의 형태를 갖춥니다. 이것을 하나의 전체적인 인상으로 떠올리려면 우리

는 이것을 짙은 파란색을 띠면서 내적으로 서로 얽혀 이루어
지는 결정화 과정으로 생각해야 합니다.

이것을 대강 스케치한 모습이지만 칠판에 표현해 보겠습니
다.(〈그림 5〉 참조) 아래쪽을 보면 은빛처럼 빛나는 파란 선과 같
은 형태가 뻗어 나가는 어디에나 파란색이 가득 퍼져 있고 은
빛으로 빛나는 파란색 부분 전체에서 결정화(흰색) 과정이 일
어납니다. 이는 마치 자연이 경이로운 조형 디자인으로 자신의
형성적 힘을 우리 앞에 선사하려 하지만 그저 쳐다만 봐서는
우리 시야에 드러나지 않는 것과 같습니다. 이는 인간 자신이

〈그림 5〉

스스로 조형 디자인에 녹아 들어가서 온전히 느끼고 지구 아래 은빛 찬란한 선 전부를 자신의 안으로 가져와 그 일부가 되는 방식이라면 보일 것입니다. 그는 자신이 지구 깊은 곳에 있는 파랗고 딱딱한 지각(地殼)에서 인간의 모습으로 성장해 왔음을 알게 되고 자신 안에 스며든 은빛 광채의 결정체가 지닌 힘을 느낍니다. 인간은 이 모든 것을 자기 존재의 일부로 느끼며 스스로 이렇게 묻게 됩니다. '이 은빛 찬란한 결정체와 파동이 내 안에서 어떻게 일어날까? 지구 안에 살아 있는 이 은빛 광채의 결정체는 무엇일까?' 그는 그것이 바로 우주의 의지라는 것을 이해하고 우주의 의지 위에 서 있음을 느낍니다.

이것이 인간이 지구 안쪽 심연을 내려다볼 때 느끼는 것입니다. 그리고 높은 하늘로 시선을 돌리면 어떠할까요? 이때 인간은 널리 퍼져 나가는 우주의 지성을 느낍니다. 내가 자주 언급했듯이 인간의 지성은 현 단계에서는 큰 가치가 없습니다. 그러나 여름 한가운데서 인간은 우주의 지성이 모든 곳에 살아 있다는 느낌을 갖게 됩니다. 한 존재에 국한된 것이 아니라 서로의 내면에 함께 살아가는 여러 존재들의 지성입니다. 빛(노란색)을 발하며 생동하는 지성은 의지의 또 다른 편, 맞은 편으로 저 높은 곳에서 빛으로 서로 얽혀 넓게 퍼져 있습니다.

그리고 우리가 아래쪽을 보았을 때 짙은 파란색 부분에 있는 모든 것을 오직 힘으로만 경험하는 것과 달리, 위에서 느껴지는 모든 것은 우리 안에 지성의 느낌이 스며들어 빛나는 것으로 파악합니다.

그리고 달리 표현할 방법이 없는데, 이 빛나는 활동 안에 하나의 '형태'가 나타납니다. 나는 가을에 대해 설명할 때, 자연이 엮어 낸 우리의 혼 앞에 떠오르는 가장 중요한 모습을 미카엘 대천사로 이름 지었습니다. 그리고 가브리엘 대천사가 크리스마스 시기에 어떻게 들어오는지는 다음에 말하겠습니다. 지난 강의에서는 봄철 부활절에 라파엘 대천사가 어떻게 우리 앞에 나타나는지 설명했습니다. 그는 경외와 숭배 속에 정당하게 접근하는 매개자가 되어 우주적 부활절의 상에 극적인 모습으로 나타납니다. 그리고 어림짐작으로 가늠할 수밖에 없는 인간의 언어로 표현하자면, 성 요한 축일 시기 우리 앞에는 빛나는 지성에서 솟아나와 밝고 따뜻하면서 매우 근엄한 얼굴이 있습니다.(노란색 안에 빨간 머리, 〈그림 5〉 참조) 우리는 이 형체가, 빛나는 지성 안에서 빛으로 된 자신의 몸을 형성하는 모습을 봅니다. 여름의 고도에서 이 현상이 일어나려면 앞서 설명한 무언가 선행되어야 합니다. 바로 지구의 자연적 영이 위로 솟아올라야 합니다. 그런 후에 빛나는 지성 안으로 짜여 들어가야만 빛나는 지성이 그것들을 자신 안에 담을 수 있습니다. 그리고 환하게 빛나는 모습에서 방금 말한 형태가 갖춰집니다.

이 형태는 오래전부터 직감적인 예지력으로 알 수 있었습니다. 당시 알려졌던 이름 그대로 표현하겠습니다. 한여름 우리엘 대천사가 빛나는 지성의 한가운데서 나타납니다.

가을: 미카엘 대천사
겨울: 가브리엘 대천사
봄: 라파엘 대천사
여름: 우리엘 대천사

한여름에 자신을 빛나는 의복으로 구체화하기 위해서 우주의 힘을 전형적으로 엮는 데에는 엄청난 진정성이 필요합니다. 밝은 빛 안에서 우리엘이 성취한 행위에는 더 많은 것이 내포되어 있다는 것을 알 수 있습니다. 우리엘의 지성은 여러 항성의 힘이 뒷받침하고 있는 우리 태양계 행성의 힘들이 상호 작용하는 것에 기초하여 생겨납니다. 우리엘은 우주의 사고를 자신의 사고 안에 담고 있습니다. 그래서 꽤 직접적으로 이러한 느낌을 받습니다. '여름의 구름, 너는 지성으로 빛나며 지구 아래 파란 결정-형성을 저 높은 곳에서 네 안으로 반사하고 있구나. 마치 이 파란 결정-형성이 한여름 구름의 빛나는 지성을 다시 반영하듯. 여름 한가운데 너의 반짝임에는 진심 어린 얼굴, 응집된 우주적 깨달음의 상이 드러난다.'

이제 우주적 깨달음과 우주의 지성이 새겨진 행위가 빛에 엮여 들어갑니다. 우리엘의 응집된 우주적 지성에 존재하는 인력(引力)에 따라 은빛의 힘(흰색)은 끌어올려지고, 내면에서 빛나는 지성은 지상에서 보았을 때, 영광의 금빛으로 응축되어 환하게 빛나는 햇빛으로 나타납니다. 이는 아래에서 위로 흐르듯 빛나며 올라가는 은빛을 위에서 햇빛이 받아 안는다는 직접적인 느낌을 줍니다. 그리고 꽤 정확하게 표현해 보면, 지구-은은 우주의 연금술에 의해 우주적 금으로 바뀌어 높은 곳에 엮여서 존재하게 됩니다.

8월까지 이어지는 이 현상을 좀 더 따라가 보면 뭔가 미카엘의 형태를 완성한다는 인상을 받습니다. 나는 앞서 미카엘의 검이 무엇으로 만들어지며, 그곳에서 자신의 몸을 또아리틀며 다가오는 용을 설명했습니다. 하지만 이제 한여름 절정 속에 우주적으로 짜여진 것에서 영적인 아름다움이 드러날 때 우리는 스스로 묻게 됩니다. '우리를 가을의 미카엘 축일로 이끄는 미카엘 특유의 의복은 어찌해서 황금의 태양빛으로 빛나고 그 황금빛 옷감이 접힌 사이로 은빛의 반짝임이 생겨 나오는 것은 무슨 까닭인가? 금실로 짜여 은빛으로 반짝이는 미카엘의 의복은 어디에서 오는가?' 이것은 지구에서 반짝거리며 오르는 은이 태양의 힘으로 변성되어 위에서 흘러내리는 금과 고도에서 만나 형성되는 것입니다. 가을이 다가오면 우리는 지구가 내어 준 은이 어떻게 우주의 금으로 바뀌는지 볼 수 있고, 앞서 설명하였듯이 이 변화된 은의 힘이 겨울 동안 지구가 작용하는 원천입니다. 한여름 동안 우리엘의 영역에서 형성된 태양-금은 지구의 심연으로 흘러들어 엮여 가고, 다음 해 생명으로 자라고자 하는 자연 요소 안에 겨울 동안 생명력을 불어넣습니다.

따라서 싹 트고 생명이 약동하는 시기가 되면 우리는 겨울철 지구를 묘사하듯이 물질에 영이 스며들었다고 말할 수는 없습니다. 영은 은과 금이라는 물질을 통해서 엮여 들어갔다고 해야 합니다.

물론 여러분은 이것을 있는 그대로 받아들여서는 안 됩니다. 은과 금은 인간이 측정 불가능한 수준으로 희박한 상태로 생각해야 합니다. 그러면 이 모든 것은 빛으로 가득 찬 우리엘의 행위이자 우주의 배경으로서 우리엘의 눈빛과 얼굴이 여러분 앞에 아주 선명하게 다가올 것입니다.

우리는 아래를 내려다보는 이 경이로운 시선을 이해하려는 깊은 열망을 느끼며 그것이 우리에게 의미하는 바를 찾기 위해 많은 것을 둘러보아야 한다는 생각이 듭니다. 한여름에 인간 존재로서 우리가 파랗게 은빛으로 발하는 지구의 심연을 영안으로 관찰하는 법을 배운다면, 그 의미가 우리 마음에 떠오를 것입니다. 그리고 은빛으로 빛나는 결정체의 빛살 주변의 짜임 속에서 형태가 만들어지고 또 방해받는 과정을 볼 수 있습니다. 이것은 계속해서 뭉쳤다가 풀어지기를 반복합니다.

이 혼란스러운 형태는 균형 잡힌 결정체의 자연적인 질서에 반하여 엇나간 인간의 잘못에서 만들어진 것임을 지각—그러면 우리 모두의 통찰력은 달라질 것입니다—하게 됩니다. 이것은 우리엘의 근엄한 눈빛과 대조됩니다. 한여름 동안 균형을 이루며 강해지는 결정체와 대조되는 인류의 불완전함은

엄중히 추궁받습니다. 여기서 우리는 우리엘의 근엄한 시선에서 도덕이 자연 안에 어떻게 짜여 들어가는지에 관해 알 수 있습니다.

이 세계-질서의 도덕은 우리에게 관념적 충동으로만 존재하지 않습니다. 우리는 보통 자연 환경을 보며 '식물이 자라거나 결정체가 만들어지는 과정에 도덕이 있을까?'라는 질문을 하지 않지만 이제 우리는 한여름 때 인간의 잘못이, 정상적인 자연 과정 속에 형성되는 균형 잡힌 결정체 안에 어떻게 새겨지는지 알 수 있습니다.

반면에 인간의 미덕과 탁월함에 담긴 모든 것이 은빛 찬란한 선과 함께 솟아올라 우리엘을 감싸는 구름(빨간색)으로 보입니다. 그것은 빛나는 지성 안으로 들어가 구름 모양의 예술 작품으로 바뀝니다.

지구의 심연을 내려다보면서 점점 더 엄해지는 우리엘의 시선을 바라볼 때 우리는 진지한 충고에서 생겨난 날개 같은 팔, 혹은 팔 같은 날개들 역시 보지 않을 수 없습니다. 이러한 우리엘의 몸짓은 결과적으로 우리에게 역사적 자각이라 부를 만한 것을 일깨워 줍니다. 한여름에 나타나는 이 역사적인 자각은 현시대에 흔치 않게 아주 약화된 상태입니다. 그것은 말하자면 우리엘이 하는 경고의 몸짓으로 보입니다.

물론 여러분은 이 모든 것을 하나의 상으로 떠올려야 합니다. 이것은 모두 실재지만, 나는 이것을 물리학자가 능동과 수동, 위치 에너지 등을 설명하는 것처럼 할 수는 없습니다. 여러분의 혼 안에 살아나는 상으로 설명할 수밖에 없습니다. 그러나 살아나는 상으로 표현되는 이 모든 것은 실재입니다. 실제로 거기에 존재합니다.

이제 인간의 도덕이 지구 아래 결정체 요소와 연관이 있고, 인간의 미덕이 저 위에서 빛나는 아름다움과 연결된 느낌을 받았다면, 그리고 이 연관성을 내적 경험으로 가져간다면 성 요한의 상은 우리에게 의미 있게 다가올 것입니다. 미카엘의 상, 크리스마스의 상, 부활절의 상이 그러하듯 성 요한의 상 역시 실재합니다.

천상에서 우리엘이 눈의 힘으로 밝게 비추어 낸 '비둘기(흰색)'는 영적으로 관찰해 보면 일종의 절정 상태에 나타납니다.

인간의 연약함과 잘못으로 얽힌 지구의 심연에서 생겨 오르는 파란 은빛은 어머니 지구의 상으로 모여듭니다. 그녀를 데메테르—그리스 신화에 나오는 대지의 여신—라고 부르든 성모 마리아라고 부르든 그 상은 어머니 지구입니다. 우리의 시선을 아래로 향하면 모든 존재의 물질적 모체를 만들어 내는 지구 깊은 곳의 신비를 그 상 안에 가져올 수밖에 없습니다. 이때 저 위에서 흐르는 형태로 모여든 아버지 영을 우리 주변 모든 곳에서 느끼고 경험할 수 있습니다. 이제 우리는 아버지 영과 어머니 지구가 어우러져 그 안에 지구의 은과 천상의 금 사이의 조화를 아름답게 품어 내고 함께 일궈 내는 것을 목격합니다. 우리는 아버지와 어머니 사이에서 한 아들을 봅니다.(《그림 5》 참조) 그리고 바로 성 요한의 상인 삼위일체의 상이 떠오릅니다. 그 배경에는 창조적이고 근엄한 우리엘이 있습니다.

삼위일체가 대변하는 것을 혼 앞에 교조적으로 놓아서는 안 됩니다. 그렇게 되면 삼위일체의 관념이나 상은, 우주적 삶의 조화에서 분리된 느낌으로 다가올 수 있기 때문입니다. 전혀 그렇지 않습니다. 한여름 삼위일체는 우주적 삶, 우주적 활동 한가운데서 스스로 드러납니다. 누군가 우리엘의 신비를 꿰뚫어 본다면 내적인 확신에 가득 차서 앞으로 전진할 것입니다.

우리가 만일 성 요한의 시기를 이런 방법으로 표현해 보려면, 앞서 설명한 식으로 우리엘이 취하는 몸짓과 함께 아치형의 배경이 있어야 합니다. 그리고 이 배경 앞에 살아 있는 삼위일체의 상이 모습을 드러냅니다. 또한 특별한 것이 준비되어야 합니다. 즉, 그림은 순간적으로 그려져야 하고 어쩌면 수증기 같은 물질이나 그와 같은 것을 예술적으로 이용하여야 효과적일 것입니다. 사람들에게 진실한 상을 떠올리게 하려면 반드시 성 요한의 시기에 행해져야 합니다. 우리는 부활절에 상연되는 신비극 안에서, 스승으로 표현되는 라파엘을 포함해 극적인 형태를 이용할 때만 부활절의 상을 온전히 떠올릴 수 있었습니다. 라파엘은 인간을 치유하는 자연과 우주의 신비로 이끕니다. 마찬가지로 성 요한의 시기에 서로서로 엮여 있는 그림들에서 우리가 본 모든 것은 힘찬 음악으로 변모해야 합니다. 그래서 이 성 요한의 시기에 인간이 경험할 수 있듯이 우주의 신비는 우리의 심장에 말을 건넬 것입니다.

내가 묘사한 모든 것이, 회화적이고 조형적인 예술에서 어떻게 예술적으로 표현되는지 상상해야 합니다. 그러나 이렇게 경험된 것은 또한 시적 모티브가 담긴 음악적 선율로 생명을 얻어야 합니다. 그 시적 모티브는, 빛 가운데서 활동하며 강력한 삼위일체의 인상을 일깨우는 우리엘에게 우리가 다가가고 있다고 느낄 때, 우리의 혼을 다해 연주됩니다. 아래에서 위로 솟아오르는 은빛 반짝임은 형성적인 빛의 아름다움으로 드러나며 이것은 성 요한의 시기에 적절한 악기로 반드시 표현해야 합니다. 그렇게 우리는 이 음악적 조화를 통해 우주와 우리 내면 사이의 조화를 찾아야 합니다. 왜냐하면 그 음악적 조화 안에 우주와 함께 살아가는 인간의 신비가 울려 퍼지기 때문입니다. 이 모든 것은 음악 안에서 소리를 얻어야 하며, 그래서 우리의 시선이 천상을 향할 때, 우주의 금빛 짜임과 내가 설명했듯이, 지구를 향해 엄격한 시선과 몸짓, 빛으로 가득한 우리엘의 형태가 드러나는 것을 볼 수 있습니다. 그리고 이것은 고정된 형태가 아니라 살아 있는 움직임이어야 합니다. 이것은 한편으로, 인간이 빛나는 우주의 지성과 통합되었다는 느낌에 의하여 천상의 모티브가 될 수 있습니다.

다른 한편, 인간은 은빛이 흘러나오는 아래에서 시퍼런 어둠 속으로 빠져 형태를 고정시키려는 경향에 자신이 합치되는 것을 느낍니다. 아래에서 그는 활동적인 영적 존재의 물질적 기반을 느낍니다. 천상의 고도가 신비가 되고 지상의 심연이 신비가 됩니다. 그리고 인간 자신이 우주의 신비 안에 또

하나의 신비가 됩니다. 바로 인간의 골격 체계 안에서 결정체-형성의 힘을 느낍니다. 또한 그는 이와 같은 힘이 천상의 살아 있는 빛의 힘과 함께 우주적으로 어떻게 통합되어 존재하는지 느낍니다. 그는 천상의 신비에 존재하는 도덕으로서 인류에게 전달되는 모든 것이 지구 깊은 곳에 있는 신비와 이 두 가지 신비의 결속 안으로 어떻게 엮여 들어가고 어떻게 사는지도 느낍니다. 그는 더 이상 주변 세계에서 분리되어 있다고 느끼지 않고 저 위에서 빛나는 지성이 자기 안에서 통일되어 있다고 느낍니다. 그는 마치 세계의 자궁 안에 있는 것처럼 자신이 할 수 있는 최고의 사고를 경험합니다. 그는 결정화되는 우주의 힘이 그의 골격 체계 안에서 스스로 통일됨을 느끼고 그 두 가지 힘은 다시 한 번 서로 통합됩니다. 인간은 자신의 죽음이 우주의 영적 삶에 통합됨을 느끼고 이러한 영적 삶이 지구의 죽음 한가운데서 은빛 찬란한 삶과 결정체의 힘을 깨우기를 얼마나 갈망하는지 느낍니다.

이 모든 것도 선율의 날개에 모티브를 담아내고 인간이 경험할 수 있는 음악으로 들려주어야 합니다. 그 모티브가 거기 있기 때문입니다. 굳이 찾아내야 하는 것이 아니라 우리엘의 우주적 활동에서 읽히는 것입니다. 여기에서 그 상이 영감으로 전달됩니다.

　인간은 어떤 의미에서는 고도와 심연의 신비가 결합한 신비 속에서, 영감에 의하여 생겨난 존재, 영감의 화신으로 살아갑니다. 그는 아버지-영이 위를 가리키고 어머니-영이 아래를 가리키는 신비 속에서 살아갑니다. 그리스도가 두 영과 함께하지만 고난의 우주적 신성으로서 인간의 혼 앞에 우뚝 서 있다는 사실로 고도와 심연의 신비는 결합됩니다.

　이 모든 우주적 비밀에서 엮여 나온 것을 다음과 같이 여러분에게 제시하고자 합니다. 이는 한여름에 벌어지는 모든 일 가운데 놓인 인간이 느끼는 것과 같을 것입니다. 우리엘의 시선이 어떻게 영감으로 집중되며 합창단의 영적인 선율과 어떻게 결합되는지 표현하기 위한 첫 번째 말입니다.

　　우리의 짜임을 보라
　　빛나는 광채
　　따듯해지는 생명
　　―――――――――――――――▶ *천상의 높이*
　　굳건한 땅 안에

형태를 주는 숨결 안에

진실된 존재의 힘으로 살으리

————————————————————▶ 지구의 심연

통일된 세계의 힘 안의,

천상의 빛으로 불 밝힌

인간의 사지를 느껴 보라.

————————————————▶ 그 가운데 인간 내면의 존재

여기 천상의 신비, 심연의 신비, 그 가운데의 신비를 나타낸 아홉 줄은 인간 내면의 존재에 대한 신비이기도 합니다. 그리고 천상과 심연 그리고 그 가운데의 신비를 모두 모아 오르간과 트럼펫 선율로 들려주는 우주적 표현이 있습니다.

실재가 자리 잡고

오류는 고쳐지고

마음은 단련되었다.

여기 한여름 인간 존재에 스며들어 인간에게 힘을 주고 격상시키며 더욱 확신을 주는 영감으로 가득 찬 성 요한의 상, 상으로 가득 찬 성 요한의 영감이 다음의 말로 표현됩니다.

우리의 짜임을 보라

빛나는 광채

따뜻해지는 생명

──────────────────────────▶ 천상의 높이

굳건한 땅 안에

형태를 주는 숨결 안에

진실된 존재의 힘으로 살으리

──────────────────────────▶ 지구의 심연

통일된 세계의 힘 안의,

천상의 빛으로 불 밝힌

인간의 사지를 느껴 보라.

──────────────────▶ 그 가운데 인간 내면의 존재

실재가 자리 잡고

오류는 고쳐지고

마음은 단련되었다.

제5장
4천사들의 협력

지난 며칠 동안 나는 인간이 계절의 흐름 속에서 친밀하게 경험한 것을 통해 상기할 수 있는 네 가지 우주적 상을 여러분 앞에 제시했습니다. 만약 우리가 이 세상에서 인간이 처한 전체 상황을 이해하고 싶다면, 이 상상력 풍부한 그림에 연결된 존재들과 함께 일함으로써 그것을 찾아야 합니다. 여기서 먼저 그에 대한 안내로 몇 가지를 말하겠습니다.

이 그림들의 내용에서 받을 수 있는 인상에 우리의 영혼을 열어 놓는다면, 인간의 진화 과정에서 오래되고 본능적인 투시의 메아리로서 경험한 많은 것들이 우리에게 동시에 다가올 것입니다. 오늘날 이것은 때때로 역사적으로 취급되고 있지만, 근본적으로 이해되지 않았습니다. 진정한 시인들과 영적으로 고양된 사람들은 종종 옛 전통에서 울려 오는 이 훌륭한 목소리를 들으며, 가장 높고 위대한 개념을 표현하고자 할 때 이를 활용합니다. 그러나 그때조차도 거의 이해되지 못했습니다. 파우스트의 첫 번째 부분을 보면, 충분히 자주 인용되고 있지만 거의 이해되지 않은 놀라운 말이 나옵니다. 그 말은 노스트라다무스의 책을 펼친 파우스트에게 대우주의 징표가 다가올 때 나옵니다.

전체는 개별자에게 어떤 성질을 부여하는가,
다른 일들과 생명들에게 각각!
신성이 오르고 내리며
그들이 황금 항아리로 서로에게 내어 줌을 보라:
달콤한 축복을 흩날리는 날개가
하늘에서 땅을 통해 내려오며
만물을 조화로 애무하도다.

이 장엄한 그림은 내가 묘사한 네 가지 광대한 우주적 상, 즉 미카엘의 가을 상, 가브리엘의 크리스마스 상, 라파엘의 부활절 상, 그리고 한여름 우리엘의 성 요한 상을 명심해야만 우리 영혼 앞에 완전한 의미를 드러냅니다. (그러나 괴테를 아는 사람이라면, 그는 오래된 전통에 관한 독서와 그에 따른 느낌에서 이것을 끌어낸 것이 분명하므로, 오직 그의 감정을 통해 이루어진 것이 확실하다고 말해야 할 것입니다.) 당신은 가브리엘, 라파엘, 우리엘, 미카엘, 이 모든 존재가 지닌 힘들이 우주로부터 흘러나와 어떻게 창조력이 되어 인간에게 들어오는지 스스로 그려 낼 수 있어야 합니다. 이를 이해하려면 인간이 어떻게 우주 안에서, 거의 이렇게 말할 수 있겠는데, 순수한 물질적 방식으로 서 있는지 알아야만 합니다.

이와 관련하여 불행히도 뭐가 실제로 어떻게 되는지 제대로 이해된 것이 거의 없습니다. 예를 들어 의학 교과서는 항상 사람이 공기에서 산소를 흡입하는 방법과 그 안의 탄소가 산소를 흡수하는 방법을 설명하고 있습니다. 이 과정은 모든 종류의 외부 물질이 산소와 결합하게 되는 외부 연소와 비교됩니다. 그래서 인간 유기체에서 산소가 탄소에 의해 흡수되며 일어나는 모든 과정을 연소라고 말합니다.

이것은 모든 외부 물질과 제반 과정들은 인간 유기체에 들어가자마자 달라진다는 핵심적인 사실을 모르고 하는 말입니다. 산소와 탄소의 이 특이한 조합을 연소라고 말하는 것은, 마치 누군가가 "사람이 살아 있는 폐를 두 개 가질 필요는 없다. 그것은 그의 몸 안에 똑같은 돌 한 쌍을 매단 것과 같다."라고 말하는 것과 똑같습니다. 이것이 사람들이 인간 유기체 내에서 산소와 탄소의 연소에 대해서 말하는 방식입니다.

자연에서 외부적으로 일어나는 모든 일은 인간의 몸에 들어가자마자 달라집니다. 인간 유기체 내의 어떠한 과정도 외부 자연에서와 같은 방식으로 일어나지 않습니다. 외부로 타오르는 불꽃은 죽은 불입니다. 인간의 몸 안에서 타오르는 불꽃은 살아 있으며 혼이 담긴 불꽃입니다. 마치 난로가 폐를 향해 서 있는 것처럼, 외부 불꽃도 탄소가 산소와 결합할 때 인간 유기체에서 생동하며 일어나는 활동을 향해 서 있습니다. 외적으로만 보면, 실제로 화학적인 연소 과정입니다. 오늘날 모든 영적 진보는 우리가 올바른 방법으로 이러한 것들을 파악할 수 있느냐에 달려 있습니다. 여러분이 음식에 소금을 넣거나, 알부민이나 다른 것을 먹는다고 하면, 사람들은 그것이 바깥에서와 똑같은 물질로 여러분 안에 남아 있다고 추측합니다. 그건 사실이 아닙니다. 어떤 것이든 인간의 몸으로 들어간 것은 즉시 달라집니다. 그리고 이처럼 다르게 만드는 힘들은, 네 가지 상 속에서 내가 그렸던 존재들로부터 아주 명확한 방식으로 생겨납니다.

우리엘이 성 요한 축일 시기에 금빛 찬란한 태양 속에서 자신의 몸을 엮어 내며 고도에서 어떻게 맴돌고 있는지 맨 마지막으로 본 그림을 보며 다시 한 번 떠올려 보겠습니다.(〈그림 5〉의 빨간색) 내가 말했듯이, 우리는 그의 시선을 단죄하는 것 같은 근엄한 것으로 떠올려야 합니다. 그의 시선은 지구의 결정체 영역으로 향해 있으며, 지구 표면 아래에서 비록 추상적이

〈그림 5〉

지만 아름답게 빛나며 진행되는 결정화 과정에 따라 저질러지는 인간의 과오가 얼마나 보잘것없는지 우려하고 있습니다. 그가 단죄하는 듯한 근엄한 눈으로 바라보는 이유는 지구의 결정화 과정 속에 살아 있는 활동과 인간의 과오를 비교하며 보고 있기 때문입니다.

나는 또한 우리엘의 몸짓을 사람들이 해야 할 일이 무엇인지 알려 주는 경고로 보아야 한다고 말했습니다. 올바르게 이해하면, 그것은 사람들의 결점을 미덕으로 변화시키라고 요구하고 있습니다. 금빛 태양으로 엮여 구름 위로 아름답게 빛나는 그림을 볼 수 있는데, 이는 인류가 미덕으로 성취한 모든 것이 담겨진 그림입니다.

그 '존재'―다른 식으로는 안 돼서 이렇게 묘사할 수밖에 없는―로부터 인간에게 직접 작용하며 특정한 파생 효과를 발휘하는 힘이 전개됩니다. 내가 묘사한 모든 것이 한여름에 일어나는 일들입니다. 그러나 우리엘-존재는 쉬지 않고 장엄하게 움직입니다. 우리에게 여름일 때 지구 반대편은 겨울이 되는데, 우리엘은 고도에서 존재하므로 반드시 이런 일들이 벌어지게 됩니다. 우리는 이러한 측면을 분명히 떠올려야 합니

다. 즉, 우리가 여기 이쪽 편 지구에 있다면(스케치 참조), 우리엘
은 여름에는 우리 앞에 나타나고 6개월 후에는 반대편으로 가
는 과정을 따라갑니다. 그러면 우리에게 겨울이 옵니다. 우리
엘이 내려가고 (노란색 화살표) 그의 힘이 내려가는 선으로부터
우리에게 오는 동안 여름은 겨울로 넘어가고 우리엘은 지구
의 다른 편 반구로 넘어갑니다. 그러나 이때에도 지구는 그 힘
이 우리에게 오는 것을 막지 못합니다. 여름철 금빛 태양이 우
리에게 스며들도록 시도하면서 위쪽을 향하여(빨간 화살표) 직
접 우리에게 힘으로 관통합니다. 즉, 겨울철에 지구로 곧장 관

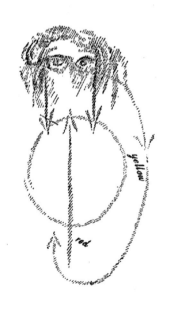

통하고 우리 반대편에서 상승하는 힘(빨간색)으로 스며듭니다.

만약 한여름 내내 우리엘이 자연의 힘에 작용하여 인간에게 영향을 미친다는 것을 우리의 혼으로 이해한다면, 구름과 비, 천둥과 번개, 식물의 성장에 빛을 비추며 우주에서 흘러나오는 우리엘의 힘을 떠올려야 합니다. 우리엘이 이런 식으로 지구를 한 바퀴 돈 후, 겨울에 그의 힘은 지구를 지나서 떠오른 후 우리 머리에서 휴식을 취합니다. 그러고 나서 한때 바깥 자연에 있던 이 힘들의 영향력은 우리를 우주 시민으로 만들게 됩니다. 그 힘들은 실제로 우리 머리 안에 우주의 이미지를 떠오르게 하며 우리가 인류의 지혜를 갖출 수 있도록 빛을 비춥니다.

우리는 다음과 같이 말할 수 있습니다. 우리엘은 여름과 가을을 지나 겨울로 접어들면서 하강합니다. 그리고 겨울이 되면 그는 다시 일어나기 시작하고, 이 하강하고 상승하는 우리엘의 힘으로부터 우리는 머리에 내적인 힘을 얻게 됩니다. 우리엘은 한여름에 자연에서 작용하고 겨울 동안에는 인간의 머리에서 작용하므로 이런 연결 속에서 인간은 실로 대우주를 마주 보고 있는 소우주입니다.

우리는 인간을 단지 자연적 존재가 아니라 영적 존재로 보아야만 인간을 이해할 수 있습니다. 그리고 우리가 우리엘의 힘을 따라갈 수 있고, 그 힘이 어떻게 1년의 순환에 맞추어 인간에게로 흘러가는지 알 수 있듯이, 봄에 자연의 힘 속으로 자신의 힘을 쏟아붓는 라파엘도 내가 설명한 대로 이해해야 합니다. 나는 위대한 우주 의사인 라파엘이 인류에게 주는 가르침을 통해서만 부활절 상이 완성된다는 것을 보여 줘야 했습니다. 우리엘이 여름에 하는 것처럼 라파엘이 봄철 자연의 힘에 작용하여 일으키는 모든 것을 우리가 정확히 받아들일 때, 또한 부활절 때 영감에 대하여 영적으로 경청하면서 이 모든 것이 우리에게 작용하도록 할 때, 우리는 인류를 치유하는 진리의 정점을 얻게 됩니다.

하지만 라파엘의 봄 활동은 우리엘처럼 지구를 일주하는 것입니다. 우주의 관점에서 보면 우리엘은 여름의 영입니다. 그는 지구를 한 바퀴 돌고 겨울에는 인간의 머릿속에 내적인 힘을 창조합니다. 라파엘은 봄의 영이며, 가을에는 지구를 돌아 인간의 호흡에 힘을 불어넣어 줍니다. 그래서 우리는 이렇게 말할 수 있습니다. 가을 동안 미카엘이 우주의 영이자 우주의 대천사로서 위에 있을 때, 미카엘마스 때의 라파엘은 인간 존재 안에서 일합니다. 인간 호흡계에서 활동하는 라파엘은 호흡계를 조절하고 축복을 내립니다. 위로는 은빛 반짝이는 지구의 광채를 번득이며 한 손에는 유성철을 벼리어 만든 검을 들고 황금 태양으로 엮은 옷을 입은 강력한 미카엘의 상이 있고, 아래로는 라파엘이 들이쉬는 모든 숨, 폐에서 심장으로, 그리고 심장에서 혈액의 전체 순환으로 흐르는 그 모든 것을 주의 깊게 살피며 인간 안에서 작용하고 있을 때에 우리는 비로소 진정한 가을의 그림을 완성할 수 있습니다. 그리하여 인간은 가을에 지구를 관통한 라파엘의 빛이 인간의 호흡에 어떻게 작용하는지 알게 될 때 라파엘의 시간인 봄에 우주를 통해 작용하는 치유력을 자기 안에서 깨달을 수 있게 됩니다.

이것은 위대한 신비입니다. 모든 치유력은 원래 인간의 호흡계 안에 있습니다. 호흡의 진정한 회로를 이해하는 사람은 인간의 치유력을 알고 있습니다. 그것은 인간 유기체의 다른 계통에는 존재하지 않습니다. 유기체 내 다른 계통들은 자기 스스로 치유되어야 합니다.

내가 교육에 대해 말한 것, 특별히 7-14세 사이에서 호흡체계가 활성화된다고 한 것을 상기해 보십시오. 생의 첫 7년 동안에 아플 가능성이 매우 크고 14세 이후에도 그렇습니다. 몸에 흐르는 맥박이 에테르체의 도움을 받는 기간에는 아플 가능성이 상대적으로 줄어듭니다. 호흡 체계에는 신비로운 치유력이 있고 치유의 모든 신비는 동시에 호흡의 신비입니다. 그리고 이것은 봄에 라파엘의 우주적인 활동이 가을에 인간의 호흡 속으로 신비하게 스며드는 것과 연결됩니다.

우리는 가브리엘을 크리스마스 대천사라고 배웠습니다. 그때 그는 우주의 영이므로 우리는 그를 찾기 위해 위를 올려다봐야 합니다. 여름 동안 가브리엘은 형성한 모든 영양분을 인간 안으로 옮깁니다. 즉, 가브리엘이 겨울 동안 벌인 우주적인 활동에서 여름철 인간에 대한 활동을 위해 하강한 후, 한여름에 자신의 힘으로 인간에게 옮기는 것입니다. 그의 힘이 지구로 흘러들 때 지구의 다른 면은 겨울입니다.

그리고 마침내 미카엘에 이르러 우리는 가을의 우주 영으로서 그를 맞이하게 됩니다. 그는 그때 최고조에 달합니다. 그는 우주에서 자신의 최고점에 도달한 다음에 하강하기 시작합니다. 봄에 그의 힘은 지구를 통해 침투하고 인간에게 움직임과 의지력으로 표현되는 모든 것에 살아 있으며, 인간이 걷고 일하고 물건을 집을 수 있게 합니다.

이제 완전한 그림을 떠올려 봅시다. 첫째, 성 요한 축일 시기인 여름의 그림을 보면, 위로는 단죄하는 표정과 경고의 몸짓으로 근엄한 표정의 우리엘이 있고, 인간 가까이 파고들어 축복하는 표정으로 온화하고 사랑스러운 눈길을 한 가브리엘이 있습니다. 그래서 여름 동안 우주에서는 우리엘이 일하고 인간에게는 가브리엘이 있습니다.

가을로 넘어가면, 우리는 명령한다기보다는 안내하는 듯한 표정의 미카엘을 봅니다. 우리가 올바르게 비춘다면, 미카엘의 시선은 마치 자신을 들여다보지 말고 바깥 세계를 살펴보기를 바라는 것처럼 어딘가를 가리키는 손가락 같습니다. 미카엘의 시선은 긍정적이고 적극적입니다. 그리고 그는 우주의 철로 만들어진 검을 쥐고 동시에 인간에게 그들이 갈 길을 가리키고 있습니다. 이것이 위쪽의 모습입니다.

아래에서는 가을에 라파엘이 깊이 생각하는 눈빛으로 그가 가장 먼저 우주에서 불붙인 치유의 힘을 인간에게 건네줍니다. 라파엘은 깊은 지혜를 담은 표정을 한 채 지구의 내적인 힘으로 받쳐진 수성의 보좌를 받고 있습니다. 따라서 우리는 우주에서 미카엘, 지구에서 라파엘이 함께 일하는 것을 봅니다.

이제 겨울로 갑니다. 일단 가브리엘은 우주 천사입니다. 가브리엘이 온화하고 사랑이 넘치는 표정과 축복하는 몸짓으로 겨울의 구름 속에서 눈 옷을 짜고 있습니다. 그리고 아래에서는 우리엘이 인간 옆에 근엄한 경고와 단죄의 눈빛으로 있습니다. 위치들은 전환됩니다.

그리고 한 바퀴 돌아 봄이 왔을 때 위쪽에서는, 이제 고도에서 깊은 사색에 빠진 채 수성의 보좌를 받으며 불을 뿜어 내는 뱀과 같은 존재가 된 라파엘을 볼 수 있습니다. 라파엘은 더는 지구에서 쉬지 않고 마치 계속 해 왔던 것처럼 공기의 힘을 이용하고 불과 물과 대지를 섞어서 결합하여 치유력으로 변화시키기 위해 우주에서 작용하며 엮어 내고 있습니다.

그리고 아래에는, 단호한 시선을 한 채, 눈에 띄게 인류에게 다가오는 미카엘이 있습니다. 그 시선은, 말하자면 세계로 가는 방식을 보여 주는 것이므로 그가 봄에 라파엘을 보완하여 인간에게 다가올 때 기꺼이 인간의 눈을 그와 같은 방향으로 향하게 합니다.

그러면 다음과 같이 정리할 수 있습니다.

겨울: 위에는 가브리엘, 아래에는 우리엘
봄: 위에는 라파엘, 아래에는 미카엘
여름: 위에는 우리엘, 아래에는 인간과 함께 가브리엘
가을: 위에는 미카엘, 아래에는 인간과 함께 라파엘

이제 여러 시대를 넘어 전해지다가 괴테에 의해 다시 쓰여진 마법 같은 속담을 다뤄 봅시다.

전체는 개별자에게 어떻게 성질을 부여하는가,
다른 일들과 생명들에게 각각!

그렇습니다. 실로 우리엘, 가브리엘, 라파엘, 마이클은 서로 협력하고, 하나가 다른 하나 안에서 일하고 살아가며, 인간이 영과 혼과 몸의 존재로 우주에 있을 때, 이 힘들은 그에게 마법처럼 작용합니다. 그리고 이 말 속에 담긴 진리는 얼마나 멀리 가닿는지! 그것이 의미하는 바가 무엇인지 생각해 보십시오.

전체는 개별자에게 어떻게 성질을 부여하는가,

다른 일들과 생명들에게 각각!

신성이 오르고 내리며

그들이 황금 항아리로 서로에게 내어 줌을 보라:

달콤한 축복을 흩날리는 날개가

하늘에서 땅을 통해 내려오며

만물을 조화로 애무하도다.

어제 강의에서 내가 어떻게 그것이 유연한 형태에서 음악적 소리, 보편적 화음으로 되울리며 간다고 말했는지 기억하십시오.

나는 나의 혼을 다하여 괴테의 문장을 다시 읽었을 때 그 느낌을 뭐라고 해야 할지 모르겠습니다. '하늘에서 땅을 통해 내려오며'라는 말은 정말 이러한 방식으로 이루어지기에 심오한 것이며 그것은 진리입니다! 이 단어들이 세상에 흔한 종소리처럼 울리며 시적으로 쓰이거나 그런 종류의 말로, 누군가가 편지나 기사에 쓸 수 있는 말로 여겨진다는 사실이 매우 의아했습니다. 이 말은 그런 것이 아닙니다. 이 말들은 우주의 사실을 담고 있습니다. 괴테의 『파우스트』에서 이 말들이 얼마나 진리를 담고 있는지 맥락을 알고 읽으면 정말 놀랍습니다.

한 발 더 나가겠습니다. 우리는 황금 날개를 가진 하늘의 힘—대천사—이 어떻게 서로 조화롭게 협력하며 살아가고 스며드는지를 보았습니다. 그러나 이것이 다는 아닙니다.

한여름에 우주로부터 나와 인간에게 영양의 힘을 가져오는 가브리엘을 봅시다. 이 힘들은 인간의 신진대사 체계 안에서 활성화됩니다.

라파엘은 호흡계를 관리합니다. 이제 가브리엘과 라파엘이 오르내리고, 가브리엘은 인간의 영양 상태에서 활동하는 힘을 호흡계에 전달하는 방식으로 서로 협력합니다. 그리고 전달된 그 힘은 치유의 힘이 됩니다. 가브리엘은 라파엘에게 영양분을 넘겨주고, 그 후 그것은 치유 수단이 됩니다. 그렇지 않았다면 인간의 유기체에서 영양 작용에 불과했을 과정이 호흡의 비밀과 맞물릴 때, 치유의 힘을 갖게 됩니다.

우리는 외부 물질이 영양 체계 자체에서 겪는 변화를 주의 깊게 관찰해야 합니다. 그때 인간 내부에 영양을 제공하는 가브리엘의 힘이 중요하다는 사실을 깨닫게 됩니다. 그러나 이러한 힘은 호흡계로 끌려 올라옵니다. 그리고 장차 거기에서 작동함으로써 단지 굶주림과 갈증을 해소하는 수단만이 아니라 회복력으로 전환됩니다. 내적인 병을 바로잡는 힘으로 바뀝니다. 즉, 영양의 전환이 치유력이 되는 것입니다. 누구든 영양을 정확하게 이해하는 사람은 치유의 첫 단계를 이해합니다. 만약 그가 소금이 건강한 사람에게 어떤 역할을 하는지 이해한다면, 또한 가브리엘의 경로에서부터 라파엘의 경로에 이르기까지 자신의 몸에 작용하는 변형을 가늠한다면, 그는 소금이 이런저런 경우에 어떻게 치유의 수단으로 작용하는지 알 것입니다. 우리 안의 치유력은 라파엘이 가브리엘의 황금 항아리에서 받은 영양의 힘이 변형된 것입니다.

이제 우리는 고대에는 익숙했으나 지금은 완전히 상실한 하나의 비밀을 알게 되었습니다. 갈렌을 읽을 수 없다고 해도 히포크라테스를 읽을 수 있는 사람이라면, 오래전 의사들인 히포크라테스뿐만 아니라 갈렌에게도 뭔가 정말 대단한 인간의 비밀이 남겨져 있다는 것을 알게 될 것입니다. 우리 호흡계에 퍼져 있는 힘은 치유력입니다. 그것은 부단히 우리를 치유

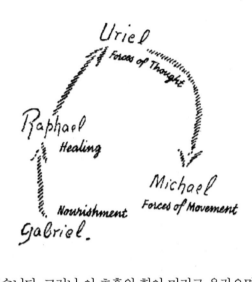

Uriel
Forces of Thought

Raphael
Healing

Michael
Forces of Movement

Nourishment
Gabriel.

하고 있습니다. 그러나 이 호흡의 힘이 머리로 올라오면, 치유력은 영적인 힘이 되어 감각 지각과 사고 안에서 활동하게 됩니다. 이것이 한때 알려졌던 비밀입니다. 히포크라테스는 이를 분명히 했고 갈렌에게서도 유추되는 사실입니다. 인간의 사고, 지각, 영적인 삶들은 치유 과정의 고차원적 변형입니다. 머리와 소화계 사이에 있는 호흡계의 치유 요소가 끌려 나오면 그것이 인간의 영적인 삶의 물질적 기초가 됩니다.

그리하여 이렇게 말할 수 있습니다. 인간의 머리에서 번쩍이는 생각은 실제로 다양한 물질에 존재하는 치유 충동의 변형입니다. 그러므로 만약 누구든 어느 정도 치유의 힘이 있는 소금 물질이나 약용 식물을 손에 들고 그것들의 핵심을 꿰뚫어 볼 수 있다면, 그는 '여기에 내가 환자에게 필요한 것을 줄 수 있는 유익한 치유력이 있다.'라고 말할 수 있습니다. 그러나 이 물질이 사람에게 흡수되고 호흡 영역을 넘어 머리에 작용하면 이것은 사고의 물질적 담지자가 됩니다. 라파엘은 이렇게 우리엘에게 그의 항아리를 전해 줍니다.

어떻게 약이 병을 고치나요? 그것이 영으로 가는 길에 있기 때문입니다. 누군가 어떤 처방이 영으로 가는 길에서 얼마나 떨어져 있는지 안다면 그 치유력도 알 수 있습니다. 영이 저절로 인간에게 직접 생명력을 불어넣을 수는 없지만, 영의 바탕에는 치유력이 있습니다.

그리고 가브리엘이 라파엘에게 영양의 힘을 제공하고 그것이 치유력으로 전환—다른 말로 황금 항아리를 넘기는 것—되듯이 라파엘은 자신의 황금 항아리를 우리엘에게 전해서 치유력이 사고력으로 바뀌도록 만듭니다. 이어서 우리엘에게 사고력을 전달받은 미카엘은 우주 철의 힘이 녹아 있는 자신의 검으로 이러한 사고력을 의지력으로 전환해서 인간은 실천력을 갖게 됩니다.

그리하여 우리는 두 번째 그림을 떠올릴 수 있습니다. 우리엘, 라파엘, 가브리엘, 미카엘이 오르내리며, 우리엘과 가브리엘은 서로의 안에서 일할 뿐 아니라 자기 내용물을 상대에게 전해 주어 한 단계 더 전진할 수 있도록 함께 일하기도 합니다. 우리는 천상의 힘들이 어떻게 오르내리며 서로 영양과 치유, 사고력과 실천력이 담긴 황금 항아리를 넘겨주는지 볼 수 있습니다. 이 황금 항아리들은 각각의 천사가 다른 천사에게 넘겨주게 되고 동시에 이 천사들은 우주적 조화 속에 함께 일합니다.

　　그리고 다시 파우스트에서 다음을 발견할 수 있습니다.

　　"신성이 오르고 내리며
　　그들이 황금 항아리로 서로에게 내어 줌을 보라."

　　진실로 "황금"이라는 단어가 나오는 이유는, 내가 어제 설명했듯이 우리엘에게서 방출된 금빛 태양으로 짜여진 것이기 때문입니다.

　　괴테는 오래된 속담을 읽고 엄청난 인상을 받아 그것을 시적으로 표현하였습니다. 그러나 내가 여기서 여러분에게 그려 줄 수 있었던 의미는—괴테가 알지 못했고 단지 부분적으로 이해했던—괴테처럼 영에 대해 느낀 시적 감흥을 통하여 오래된 전통 속에 전해진 것을 손에 쥐었을 때, 그것은 믿을 수 없을 정도로 진리를 반영한다는 것입니다!

우리가 우리엘과 라파엘, 미카엘, 가브리엘이 어떻게 함께 일하며, 그들이 어떻게 각자의 특별한 힘을 서로에게 전하는가를 알았을 때, 오늘날 영학을 개발하고 그것이 우리에게 모습을 드러낸다면, 이는 우리를 묶어 주는 멋진 일이 됩니다. 만약 이것을 처음 보았고, 아마도 이 경우에 괴테를 통해 간접적으로 고대 속담을 접하게 된 것이라면, 우리는 오래된 본능적 진리가 신화적이든 전설적이든 간에, 어떻게 세계에 널리 퍼져 있었는지를 볼 수 있습니다. 그리고 시대가 변해서 오늘날에 이르러 고대의 진리가 어떻게 고차원으로 상승하는지 알게 됩니다.

오 히포크라테스—그와 함께 서 있는 이를 라파엘 또는 수성, 헤르메스, 그 무엇이라 부르든지 다 같은 것인데—는, 가브리엘, 라파엘, 우리엘이 함께 일하며 인간 유기체의 치유력이 어떻게 사고와 영양의 힘 사이에 있는지에 대한 앎이 황혼을 맞기 전 시대에 살았습니다. 이것이 바로 사실상 항상 새로워지던 놀라운 전통 처방을 끌어낸 고대의 본능적 지혜의 원천입니다. 오늘날 그러한 처방들은 소위 '원시부족'이라 불리는 이들 사이에 발견되고 사람들은 이들이 전통 처방을 어떻게 알게 되었는지 상상하지 못합니다. 이 모든 것은 인류가 태고의 지혜를 간직하고 있었다는 사실과 연결되어 있습니다.

그러나 틀림없이 여러분 마음에 문제가 하나 남았습니다. 다음과 같습니다. 만약 내가 여러분에게 제시했던 모든 것─예를 들어 봄과 가을에 작용한 라파엘의 힘이 어떻게 호흡계 내부로 옮겨지는지─을 받아들인다면 여러분은 인간이 그해의 순환을 통해 우주의 힘이 작용하는 것에 완전히 결합해 있다고 추측할 수밖에 없습니다. 원래 실제로 그렇습니다. 그러나 인간은 기억하는 존재이기 때문에 외부 경험이 기억에 보존되고 며칠 또는 몇 년 후에 내부 경험으로 재현될 수 있으므로 이러한 진실은 우주 차원에서 전적으로 유효합니다. 그러나 인간이 가을에만 호흡 시스템에서 라파엘의 힘을 내면적으로 경험하는 것이 아니라 겨울, 여름, 봄을 통해서도 경험합니다. 일반 기억보다 더 실질적인 기억이 남아 있습니다.

그래서 내가 묘사한 방식으로 일들이 진행되는 동안 기억은 1년 전체에 걸쳐 인간에게 영향을 미칩니다. 경험은 기억에 새겨져 남게 되므로 그 영향은 1년 내내 계속됩니다. 이와 달리 인간은 1년 내내 균일하게 발전하는 존재가 될 수 없습니다. 물질생활에서 어떤 사람은 다른 사람보다 빨리 혹은 늦게 망각합니다. 그러나 가을 동안 호흡계에 미친 라파엘의 영향은 다음번 가을에 라파엘이 다시 올 때 사라질 것입니다. 그때까지 호흡기 속의 이 자연 기억은 계속 활성 상태이지만, 새로운 가을에는 이것이 갱신되어야만 합니다.

인간은 이런 식으로 자연의 경로 안에 서 있습니다. 그는 세계의 진행 범위 밖으로 나가지 않고 그 한가운데 심어져 있습니다. 그러나 그는 여전히 다른 방식으로 자리 잡고 있기도 합니다. 내가 설명한 연결은 완전히 신비한 것이어서, 인간은 이 지구상에서 장기를 몸 안에 품고 피부에 덮인 채 그 자신을 우주에서 분리된 무엇이라고 느끼며 서 있기도 합니다. 이것은 예를 들면, 인간이 혼과 영으로만 된 전(前) 지구적 존재일 때는 그렇지 않습니다. 죽음과 새 탄생 사이에 인간은 영의 영역에서 삽니다. 이때 혼의 눈은 특정 개인의 몸—이것은 나중에 오는 과정에서 선택됩니다—을 바라보는 것이 아니라, 전체 태양계와 연결되고 라파엘, 우리엘, 가브리엘, 미카엘이 함께 엮은 활동들과 연결된 전체 지구를 봅니다. 그 영역에서 하나의 존재는 자신을 바깥에서 관찰하고 있습니다.

그곳은 전(前) 지구적 삶에서 지구적 삶으로 돌아오는 혼이 진입하기 위한 문이 열리는 곳입니다. 이 문은, 위에서는 가브리엘 우주 대천사가 맴돌고, 아래 인간 옆에는 우리엘이 인간의 머릿속으로 우주의 힘을 실어 나르는 시기인 12월 말부터 봄이 시작되는 때까지만 열립니다. 이 3개월 동안, 1년 내내 구현되어야 할 혼들이 우주에서 지구로 내려옵니다. 그들은 지구 행성 영역에서 기회가 생길 때까지 기다립니다. 말하자면, 10월에 태어날 혼들조차도 이미 지구권에 들어와서 자신들의 탄생을 준비하고 있습니다. 하나의 혼이 지구권에 들어와서 이미 지구와 조응한 후에는, 지상의 구현을 얼마나 기다려야 하는지에 전적으로 달려 있습니다. 어떤 혼은 더 오래 기다리고 어떤 혼은 더 짧습니다.

여기에 특별한 비밀이 있습니다. 예를 들어, 열매를 맺게 하는 씨앗이 단 한 곳에서 난자 속으로 들어가는 것처럼, 천상의 씨앗이, 위에서는 가브리엘이 우주 천사로서 온화하고 사랑스러운 표정, 자비로운 몸짓을 한 채 지배하고 있으며, 아래에서는 우리엘이 경고하는 몸짓과 단죄하는 표정으로 있을 때, 이때에만 그해의 지구 존재들에게 들어온다는 것입니다. 이때가 지구에 혼들이 스며들 때이며 층층이 눈 덮인 지구가 결정화하는 힘에 항복할 때입니다. 이때 인간은 사고하는 지구적 몸이 되어 우주에서 지구와 결합할 수 있습니다. 그리하여 혼은 우주를 지나서 지구권 안에 모입니다. 이것이 지구의 계절적 존재가 연례적으로 스며드는 현상입니다.

이 모든 것은, 우주의 물질적 측면뿐만 아니라 내가 설명한 네 가지 그림 속 우주적 존재들의 활동까지 통찰할 때 우리에게 다가올 수 있습니다. 이제 우리는 우주적 창조 활동을 암시하는 수많은 시가 세계에 있다는 것을 발견하는 데까지 이르렀습니다.

전체는 개별자에게 어떻게 성질을 부여하는가,
다른 일들과 생명들에게 각각!
신성이 오르고 내리며
그들이 황금 항아리로 서로에게 내어 줌을 보라:
달콤한 축복을 흩날리는 날개가

하늘에서 땅을 통해 내려오며

만물을 조화로 애무하도다.

　　바로 이 말들에서 우리는 인간의 몸, 혼, 영 속에 들어와 살
아 움직이며 자연의 힘과 결합한 네 천사의 놀라운 협력을 파
악할 수 있습니다. 그들은 하나이며 함께 일합니다.

4계절과 대천사들

1판 1쇄 인쇄 2022년 4월 15일
1판 1쇄 발행 2022년 4월 20일

지은이 루돌프 슈타이너
옮긴이 박규현
펴낸이 박규현
펴낸곳 도서출판 수신제
출판등록 2015년 1월 9일 제2015000013호
유통판매 황금사자(070-7530-8222)
주소 경기도 양평군 양서면 칭계길 218
전화 070 - 7786 - 0890
팩스 0504 - 064 - 0890
이메일 pgyuhyun@gmail.com
ISBN 979-11-954653-7-8 03110
정가 12,000원